本音で生きる

一秒も後悔しない強い生き方

【大活字版】

堀江貴文

JN245256

はじめに

『本音で生きる』というタイトルを依頼された時、正直、何もピンとこなかった。

本音で生きる。
むしろ、なぜ本音を言えないのか、なぜ本音で生きられないのかのほうが、僕にはわからない。

「失敗が嫌だから、やらない」
「あとで何か言われそうだから言わない」
「嫌われたくないから、突っ込まない」

それで何かいいことがあるのだろうか。

皆さんもおわかりだと思うが、世の中はすべて「いいか、悪いか」「ゼロか、100か」で割り切れるものではない。たとえその時意見が食い違っても、その相手まで嫌いになることはないし、失敗したとしても、未来永劫失敗のままでいるわけはない。だとしたら、まず言いたいことを言って、やりたいことをやったほうが、よっぽどいいのではないだろうか。


自分に勝手に制限をつける人もいる。

「時間がないからできない」「地方にいるからできない」。

これも僕には理解できない。

スマホやその他のデバイスが発達した今、どうにだってやりようはある。

やるか、やらないか。それだけだ。


バンジージャンプを思い出して欲しい。

テレビで芸人さんが、「跳べない、もう嫌だ」と言って泣き崩れているのをよく見かけるが、はっきりいってバンジージャンプは誰でもできる。ただ跳ぶだけだ。世の中の多くはそれと一緒。「できない」と思っているだけで、跳んでみたら誰にでもできる。むしろ、生理的な恐怖がない分、バンジージャンプより、もっと簡単にできるかもしれない。

僕はいつも自分の考えることに対して正直でいたつもりだ。やりたいことにはやりたいと言うし、相手の考えが違うと思ったら「僕は違うと思う」と伝える。僕が収監されたのも、やっていないことに対して「自分がやりました」と言わなかったためで、それについてももう過去のことだと思っている。不器用なやり方だったのかもしれないが、後悔することはない。これからも、中途半端に生きるつもりは、まったくない。

さて、あなたは本音で生きているだろうか。自分が考えたことを伝え、自分が心からやりたいことに没頭し、そして自分の心に真摯に向き合っているだろうか。

時間は誰にとっても有限だ。

先のことが不安で尻込みをしているくらいなら、その場しのぎの言い訳はやめ、今すぐ一歩でも先に動いたほうがいい。

きちんと、自分の足で人生を切り拓いていきたいのなら。

誰かに自分の人生の決定権を渡したくないのなら。


本書では、あなたがもっと簡単にジャンプできるような話をしたつもりだ。それもいたって当たり前のことがほとんどだ。

僕は、いつも誰でもできることしか話さない。しかし、たいていの場合、それをやるかどうかで、その後の結果が変わってくる。

バンジージャンプのひもは渡す。その後、跳ぶかどうかはあなた次第だ。


本書を読んで、自分にとって必要なことに気づいたら、きっともうこの本はいらなくなる。それがこの本が望む到達点だ。

そして僕も、もう二度とこういう本は書かないと思う。

本書が、未来をあなた自身で切り拓いていくヒントに少しでもなれば、嬉しい。

２０１５年11月

堀江　貴文

【堀江貴文の本音】

でもやっぱり、「本音を言えない」「やりたいことができない」と考えている人って「キモッ」って思うところもある。言いたいことは言えばいいいし、やりたかったらやればいい。本当にやりたかったり切羽詰まっていたりしたら、もう動いているはずなので、こんな本を読んでいる場合ではないだろう。この本は言葉が過ぎているところもあるし、余計なお世話と思われるかもしれない。まあ、パッと読んで、気づいて、この本は捨ててしまう、くらいが、やっぱり一番いいと思う。

本音で生きる――CONTENTS

はじめに 3

序章 なぜ、本音で生きられないのか……17

なぜ、本音を言えないのか 18

▼子どもの頃から本音を言いまくってきた

本音を言って何がまずい？ 22

▼堀江さん！ 職場で本音を言っちゃダメですか？

▼『ワンピース』的な馴れ合いより、自立した同士の関係

▼他人のことは「ほうっておけ」
▼議論は平行線のままでいい

1章　言い訳をやめる……37

言い訳をやめる　38
▼「お金がない」という言い訳は無意味である
▼やる気があれば、お金は関係がない
▼いくらあれば、はじめられるのか？
▼「時間がないから、できない」は、現状維持を選んでいるだけ
▼「自分には才能がない」「凡人だからできない」と言った時点で「今のままでいい」と言っているのと同じ
▼「やり方」なんてそもそもない

▼「自分には何もできない」と思ってはいけない
「リスクを考えると、できない」の本当のところ 53
▼本当にやりたいなら「リスク」は考えない
「できない理由」は考えない 57
▼やってみないと、「自信」はつかない
▼「言い訳」で自分を守る人達

2章 バランスをとるな！…… 65

▼バランスなんかとらなくていい
▼没頭するために必要なこと
▼安定した仕事や人間関係など存在しない

▼「孤独が不安」なら、結婚にすがるべきではない
ゼロイチ思考の枠を外せ 74

3章　本音で生きられない理由は「自意識」と「プライド」である……… 79

みんなプライドが高すぎる 80
▼「プライド」はないほうが、みんなに愛される
▼「恐い相手」は、自分のプライドがつくっている
「小利口」になるな 89
▼プライドのないバカが一番強い
▼猫ひろしは、なぜ、カンボジアで走ったのか

▼ノリのよさでチャンスを掴む
▼常識にとらわれていては、バーディはとれない
▼実現可能性など考えるな

4章　すべてを最適化せよ

4章　すべてを最適化せよ……107

自分の時間は自分のもの　108

すべての時間を「最適化」せよ　110

▼「最適化」を繰り返すことで、できることが増えていく
▼無駄がないかを常に問いかける
▼30秒で終わるメールはすぐ返す。5分で終わる仕事は、片っ端から片づける
▼リアルでのコミュニケーションは必要か？

▼コミュニケーションを効率化する――Uber《ウーバー》が流行る理由
▼睡眠時間を削っても使える時間は増えない

隙間時間を「最適化」する 123

▼「隙間時間」を徹底的に使う
▼スマホが隙間時間を〝価値ある時間〟に変える
▼隙間時間は5～10分の仕事をする時間
▼マラソンは「ルームランナー」がいい理由

自分の得意（コアバリュー）にこそ、時間を使え 130

▼得意な人に外注する
▼「コアバリュー」に絞れば、やるべきことだけやればいい環境ができる
▼やりたいことをどんどんやっていけば「自分のコアバリュー」は見つかる

最短距離で学ぶ 139

▼勉強に無駄な時間をかけるな

▼体系的に学ぼうとするな
▼何を学ぶべきかは、その時にならないとわからない
▼情報は覚えるのではなく、浴びる
▼「アイデア」ではなく、「実行力」にこそ価値がある
▼情報の量が質を作る
▼情報を浴びることで、情報の目利きになれる
▼情報は覚えるな!
▼大量にアウトプットし、「自分で考える」ことを繰り返す
▼人間関係の新陳代謝を図る

「今すぐやる」ことこそ、最大の最適化 163
▼極限まで忙しくしろ
▼長期ビジョンなど意味がない

5章　本音で生きるために必要なこと……169
▼チャレンジするためのハードルが低くなった
▼人のやっていることを徹底的に真似し、改善する
▼大事なのは、“Give, Give, Give”
▼価値の指標はアクティブユーザー数
▼やる気さえあれば、政治家にだってなれる
▼AIはむしろ歓迎すべき
▼新しい働き方、学び方を実現する

おわりに　189
参考文献　191

序章

なぜ、本音で生きられないのか

なぜ、本音を言えないのか

「上司の言うことは理不尽に思えるのですが、自分の意見が言えず、黙って従っています」

「友達と話をするのが実は苦痛です。同じ話題で盛り上がったフリをしないと、あとで何か言われそうで、仕方なく合わせています」

「会社を辞めたいのですが、転職のあてもなく、辞めることを言い出せずにいます」


世間でも、ソーシャルメディアでも、僕のメルマガのQ＆Aコーナーでも、こんな相談とも愚痴ともつかない悩みが溢れている。どうやら世間には、言いたいことを言えない、やりたいことをやれないでいる人が山のようにいるらしい。だが、僕はこういう人達のことがどうにも理解できずにいる。

どうして思ったことを言えないのか、さっぱりわからないのだ。

むしろ、「なんで？　言っちゃえばいいのに！」と、心底不思議に思う。

この本を開いて、いきなりこんなことを言われれば、がっかりされるかもしれない。

でも、「自分も本音を言えません！」みたいな人ばかりが集まっても、何も前に進めない。こんな僕だからこそ、言えることはあるのだと思う。

子どもの頃から本音を言いまくってきた

僕は子どもの頃から、親に対しても友達に対しても、言いたいことを言い続けてきた。僕の母親は自分がいいと思ったことを無理矢理押しつけてくる人間だったから、激しい衝突が頻繁に起こった。些細なことで言い争いをして、真夜中に家から追い出されてしまったこともある。この時は、近所の喫茶店の前でうずくまっていたら、通りがかった大学生が家まで送ってくれたが。

だが、家から追い出されたくらいで、言いたいことを言わなくなるようなことはなかった。裏口の錠をあらかじめ開けておいたり、2階の窓から忍び込むためのはしごを用意しておくといった工夫をして、僕は言いたいことを言い続けた。ライブドア事件の時もそうだ。本音を語らず、表向きだけ殊勝な態度をとるという選択肢は僕にはなかった。

僕にとって本音を言わずにいるのは、とても気持ちが悪い。実のところ、本音を言わずにいる人を見るのも、とても気持ちが悪い。

その気持ち悪さを極限まで煮詰めたのが、元TBSアナウンサーの小島慶子さんが、小説『わたしの神様』(幻冬舎)で描いた世界だろう。外面は華やかなテレビ局の裏側で、女子アナ達が繰り広げる人間模様を描いた作品なのだが、嫉妬、足の引っ張り合い、陰口のオンパレードで、読んでいると本当に吐きそうになってくる。

みんなが憧れるテレビ局のアナウンサーの世界だからドロドロさが凝縮されているわけだが、ネットを流れる愚痴からも、そんな気持ち悪さが職場、学校、近所に蔓延していることが透けて見える。

どうしてみんな思ったことをそのまま言わないのか？　いいことも、悪いことも、言ってくれれば、それなりに話をすることはできるのに。

では、どうしたら本音で生きられるようになるのか。

僕は次のことが大事ではないかと思っている。

1. 言い訳しないこと
2. バランスをとろうとしないこと
3. 「自意識」と「プライド」を捨てること

追って話していきたい。

本音を言って何がまずい？

そもそも、本音を言って、何がまずいのだろう。言いたいことを言っていると、自分の居場所がなくなってしまうとか、職場なら上司から嫌われて職を失ってしまうとか、同僚から陰口を叩かれて嫌な思いをするとか、そんなところだろうか。

僕は今まで本音を言ってまずいと思ったことは、なかった。拘置所では、認めれば執行猶予がつくと言われたが、「やっていないことはやっていない」と、自分が思ったことを言ったことで刑務所に行くことになった。でも、「ウソを言わなかっただけ」で悪いことは何もないし、もう過去のことだ。

もちろん、言ってはいけないことと、言ってもよいことの区別はできている。

たとえば、初対面の人に対して、心で「不細工」だと思っても、そんなことは言わない。プライベートの付き合いで、自分があまり行きたくない場所に行ったとしても、相手が喜んでいれば「つまらない」とは言わず、それなりに楽しむ努力もする。嫌なことをされない限り、その人を叩くことはないし、言わなくていいことを言ったりはしない。

そんな最低限の礼儀を外さなければ、思ったことは言えばいい。

「本音を言ってまずいことが起こる」なんて、むしろ、思い込みではないだろうか？

堀江さん！　職場で本音を言っちゃダメですか？

「本音を言うと人間関係が悪くなって、職場にいられなくなってしまう」

そんな思い込みをしている人は、山ほどいる。

そんなわけはない。今の日本に、本音を言ったくらいで解雇されるような会社はどこにも存在しない。同僚に陰口を叩かれるというのなら、相手に面と向かって「陰口を言わないでください」ときちんと言えばよいだけの話だ。

それであなたにどんな実害があるのだろう？

言いたいことを言うと「職場で浮いてしまう」と言う人もいる。それの何が問題だというのだろう。

職場の仲間として認めてもらって場に馴染もうが、職場で浮いていようが、仕事にはなんの関係もない。むしろ逆に、ベタベタとした仲良しサークルのほうが僕にとっては居心地が悪い。職場では、やるべき仕事をやるだけだ。

上司の言うことが理不尽だと言うのなら、何が理不尽なのかをきちんと指摘する。上司に何か言われると萎縮してしまう人もいるが、実は言い返されると面倒くさいのは上司の側だ。さらに上の上司にマネジメント能力に問題があると思われたり、部下からの信望がないことを知られたくないからだ。昨今は、ソーシャルメディアで何か言われたら自分が危ういという計算もあるだろう。

だから、上司に言いたいことがあるのなら、どんどん言えばいい。世間体を気にする上司なら、部下からの突き上げを食らわないように優しくなるかもしれない。経営者からすれば面倒くさいことだが、言いたいことを言った従業員をクビにするようなことは、日本の会社では非常に難しいのだ。

なお、僕はライブドアを経営していた時は、職場の雰囲気など「自分には関係のないこと」と思っていた。

僕が創業社長という絶対的な存在であったから、ということもあるだろうが、誰かがグダグダと仕事をしていても、結果が出ているなら問題はないし、そんな面倒なところにかかわろうとは思わなかった。そんなものなのだ。

僕は職場の関係は「セミドライ」な関係がいいと思っている。**仕事として相手には尽くすけれど、互いに寄りかからない距離が一番いい。**家族的な経営など、正直、僕には気持ちが悪く感じる。

「会社一丸となって同じ意識で仕事に取り組もう」なんて訴えても、複雑な話になるとわからない人はいる。方向が違っても、結果がちゃんと出れば、それでよし、だと思う。

陰口や仲間外れは、仕事の目的に、まったく沿っていない。であれば、そんなものは無視していい。理不尽な上司でも、言われたことをやって結果が出せるのであればいいし、理不尽な上司のせいでうまくいかないのであれば、きちんと言うべきだ。躊躇《ちゅうちょ》してしまうほうがおかしい。

では、上司としてはどうすればよいのだろう？　部下からの意見が合理的なものであれば、それを取り入れればよいが、部下に迎合するのは間違っている。物事というのは、推進しようという意志を持った決定者がいなければ一歩も進まない。会社でも政治でも、それは同じだ。議論は重要だし、必要ならば徹底的にすべきだが、みんなが納得することを待ち続けて、何かが生まれることはない。

結局、本当に言いたいことがあれば、言えばいいと思う。ケンカになっても構わない。むしろそうすることで相手の考えがわかるし、いつかわかり合えることもあるのではないかと思う。

大体、いさかいの発端も些細なことが多い。「相手に無視された」と憤っても相手がたんに気づいていなかっただけかもしれないし、ちょっとした言葉の取り違えかもしれない。

ただし、メールでの言い合いはよくない。あくまで顔を合わせて議論すること。これだけは守ったほうがいい。

『ワンピース』的な馴れ合いより、自立した同士の関係

僕は『ＯＮＥ　ＰＩＥＣＥ（ワンピース）』というマンガの面白さがあまり理解できない。

主人公のルフィが海賊王を目指すストーリーは面白い。だが、仲間との一体感こそ一番大事だという価値観は、僕にはどうしても受け入れることができない。

財宝を探すことが目的だったはずなのに、いつの間にか仲間との一体感自体が目的になってしまう。「あいつは仲間だから」というだけの理由で、落ち込んでやる気を

失った仲間にいつまでも構い続ける……。

こんな風にお互いが寄りかかった関係は、なんとも居心地が悪い。

僕は、どんな時も「相手に尽くす」ことが重要だと思っているが、それは「馴れ合い」とは違う。**馴れ合うために与えるのではなく、目的を持った者同士が目的を達成するために与え合うのだ。**

誰かに寄りかかるのではなく、自分の足できちんと立つ。そういう人同士が、目的のためにつながる。ベタベタしない、少しドライな関係が僕にとっては気持ちがいい。

家族のようにアットホームな関係を重視する経営者もいるが、僕はご免である。目的を同じくする仲間とは一緒に仕事をしたいが、必ずしもそれ以外のことまで一緒にしたいわけではない。社長だった時は、社内の飲み会に参加することはあったが、あくまで「お付き合い」の範囲でと思っていた。

昔、起業したての頃には、ベタベタした関係を僕に求めるスタッフがいて、最後には辟易《へきえき》したことがある。「困っているんです、なんとかしてください、堀江さん！」と、いつもまるで僕が彼らのお父さんであるかのようにすがってきた。彼らは居心地のいい関係を作ることを目的にしていたのだろうが、僕は自分のやりたいことを実現するために働いていたのだから、価値観が合うわけがない。

もちろん、どうしても困った時は誰かに相談したり、助けを求めればよいのだが、寄りかかってばかりの人達の中には、自分が一方的に受け取ろうとして、自分からは何も人に与えようとしない人もいる。そうやって他人に寄りかかる人達は、僕も突き放すことになる。大好きな女の子が頼ってきたのであれば、別かもしれないが。

自立した人達が、目的を実現するために手をつなぎ、お互いに尽くす。このスタンスは、ライブドアの時も、現在運営している僕のサロンでも変わらない。『ワンピース』的な世界観は、自分から動こうとしない人や、相手に尽くそうともしない人まで「仲間だから」という理由で助けようとしている。少なくとも、僕にはそう見えるのだ。そんな人から嫌われても、僕はいっこうに構わない。

そして、それをはっきりさせることで、今の僕には、一緒に仕事をしたい人、一緒に仲間になりたい人が自然と集まってきている。

他人のことは「ほうっておけ」

あなたは、一緒にいて嬉しくもない人にまで好かれようとしていないだろうか。

たとえば、先に出てきた『わたしの神様』に出てくる登場人物達は、嫉妬、やっかみ、と、くだらないことばかりしている。そんな人達とは、誰だって仲良くなりたいとは思わないだろう。

他人のことなんて、ほうっておけばいいのだ。

ベストセラーになった『嫌われる勇気』(岸見一郎・古賀 史健著、ダイヤモンド社)を読んだだろうか。この本は、一般向けにアドラー心理学を紹介した本だが、同書には、人間関係においても優れた洞察が書かれている。

たとえば、

「『他人の期待を満たす』ような生き方をやめる」こと、「自分の課題と他人の課題を分ける」こと。

誰かがあなたについてどう思おうが、それは自分の問題ではなく、相手の問題だ。他人が誰を嫌おうと、何を考えようと、それはあなたの人生にはかかわりのないことだ。

一刻も早くそれに気づいて「放っておく」こと。「相手が自分をどう思っているのか」なんてことにかかわりあって、自分の人生がなおざりになるなんて、本当にもったいないと思う。

議論は平行線のままでいい

それにしても、日本人の議論を避ける傾向、いや全員が同じ意見でなければならないという強迫観念はいったい何なのだろうか。

僕はこれまでにさまざまな人と対談してきた。なかには、意見が合わない人もいたし、議論がまったくかみ合わなかった人もいる。

たとえば、瀬戸内寂聴さん。

瀬戸内さんと僕は働き方や死生観が共通している点も多いし、90歳を超えて京都から東京に日帰り出張するバイタリティには素直に感服するが、原発に関する議論はまったくかみ合わなかった（この対談は『死ぬってどういうことですか?』〈角川フォレスタ〉に収めてある）。

僕は原発の存在を認めた上で、よりよい選択をすべきだと考えている。原発を動かさないと火力発電による大気汚染が今より広まるし、無理に節電すると熱中症で死ぬ人も増えるかもしれないと主張した。経済が悪くなれば、自殺率が上がり不幸な人が増加するものだ。

これに対して、瀬戸内さんの主張は「生活水準よりも命が大事」というのだから議論がかみ合うわけがない。しかし、原発に関する議論で意見が一致しないからといって、瀬戸内さんへの尊敬の念が減るわけでもない。

「お互いの価値観が異なっていることがわかる」というのは、とても大事なことだ。
なんとなくわかったふりをして終わるのと、たとえ自分の価値観と違っていても、しっかり相手の意見を聞くのとでは、どちらが「相手のことを知る」ことになるだろうか。

たとえまともな議論にならず、ケンカになっただけだとしても、人と議論することが無意味だとは思わない。僕は、意見が一致しないからという理由でその人のことを嫌いになったりはしない。意見が一致しないことと、相手のことを嫌うということは、そもそも、まったく別のことだ。

だから僕は、対談だけでなく、ソーシャルメディアでも積極的に人とぶつかり合おうとしている。それは、その人が嫌いだからだとか、人格を否定するためではない。違う意見を持った者同士がぶつかることで、新しい発見があるからだ。
それなのに、「議論は一致しなければ意味がない」「意見が一致しない＝相手のことを嫌いなんじゃないか」と思う人がいかに多いか。

「We agree to disagree」（僕達はわかり合えないことがわかり合えた）でよいのだ。「価値観や意見が違う」ことがわかることが大事なのだ。

それなのに、輪の中にいたい人は、自分の意見は言わず、周りの空気を読んでみんなと合わせようとするのだ。

もし意見が異なる人間がいたら、自分達の輪の中から全力ではじき出そうとする。意見が違うだけで、人格から人間性、生き方まで、全否定しようと躍起になる。著名人であっても、支持者やファンにそっぽを向かれないよう、自分に張られたレッテルから外れた意見を言わないように振る舞っている人は多い。

なぜ、そんな風にデジタルで物事を考えようとするのだろうか。本来人間は、白・黒で割り切れるデジタルな存在ではなく、色彩豊かなグラデーションで構成されているというのに。

周囲の「空気」や同調圧力など気にしてもしょうがない。同調圧力をかけてくる奴らは気持ち悪いが、それを気にして同調するのも同じくらいに気持ちが悪い。
輪のメンバーから嫌われたからといって、恐れているような実害など存在しないのだ。

●序章のkeyword●

他人のことは、ほうっておけ！

1章

言い訳をやめる

言い訳をやめる

本音で生きるために、まずやるべきは、「言い訳をしない」ということである。

僕はメルマガを含め、人から相談を受けることも多いが、せっかく答えても、「でも○○だから、それはできないんです」と言われることがかなりある。

その「でも」が、自分自身を不自由にしていることに気づかないのだろうか。

なかでも、今すぐやめるべきは、こんな言い訳だ。

・お金がないから
・時間がないから
・凡人だから、才能がないから
・やり方がわからないから

「お金がない」という言い訳は無意味である

「お金がないから、○○できない」というのは、本当によく聞く言い訳だ。

今の会社を辞めたら収入がなくなるから辞められない。地元を離れたら働き口がないから離れられない。起業したいけれどお金がないからできない……。

みんな、いったいどれだけお金が好きなのだろうか？

僕は「拝金主義の権化」のようによく扱われるが、そんな僕から見ても、世間のほうがよほどお金にとらわれている。


日本人は幼い頃から、「何かをするためにはお金が必要だから、地道に貯金をしておきましょう」とすり込まれて育つ。貯金することがまるで美徳のように語られるが、裏を返せば、お金がなければ何もできないという意識がすり込まれているということでもある。

そう考えてしまうのは、お金の本質を理解していないからだ。

お金というのは本来、価値を交換するためのたんなるツールにすぎず、それ自体に価値があるわけではない。

物々交換で取引を行なう際は、相手の持っているモノが、自分の欲しいモノであることを確認する必要がある。そのためには密にコミュニケーションを交わし、自分が欲しいモノを持っている相手が信用に足る人間であるかどうかを確かめることになる。

つまるところ、取引されている価値というのは、「信用」なのだ。取引相手がこれまで約束を果たしてきたか、周りの人間に対して誠実な振る舞いをしてきたか、そうした積み重ねが信用を作り、信用のある人間ほど大きな取引ができるようになる。

お金は、信用という複雑な存在を、単純な数値に落とし込んだツールである。信用の一側面ではあるものの、信用そのものではない。何度も言うが、大事なのは信用であって、お金ではないのだ。

このことをきちんと理解していれば、「お金がないから○○ができない」というのが理由にならないことがわかってくる。お金は便利なツールではあるが、なかったとしてもいくらでも打てる手はある。

レストランで外食するお金がないのなら、知り合いに食事をおごってもらってもいい。友達同士、安い食材を持ち寄って、鍋パーティをしてもいい。

起業するお金がなく、銀行も貸してくれないというのなら、親や友人から借りればいいだろう。それができない人は、お金ではなく信用が足りないということなのだ。

だから、まず貯めるべきはお金ではなく、信用ということになる。人から何か頼まれたら、期待に応えるように尽くす。金欠の知り合いに、飯をおごる。そうした行為の積み重ねが信用を築いていく（しかも、そもそも起業に関する金銭的ハードルは、今では大分下がっている！）。

やる気があれば、お金は関係がない

お金が手元になくても、やる気さえあればなんでもできる。それは、分野を問わないと僕は考えている。

今までお金がなければできないと思われていた領域でも、新しいチャレンジをする人が登場している。

たとえば、大学での基礎研究だ。

実現化の目処《めど》がある程度見えている応用研究や、エネルギーのように国家戦略にかかわる研究領域は、大きな予算がついて、産学連携でプロジェクトが進められる。

ところが、今すぐなんの役に立つのかわからない基礎研究は、国から予算をもらうことが難しい。研究者がいくら熱意を持っていても、予算がつかなければ研究はできない。また、別の側面では、大学の研究室ではしがらみがあって、自分が思うように研究できないということもあるだろう。

そんな思い込みを突破したのが、クマムシ研究家の堀川大樹さんだ。

クマムシというのは、0・05〜1・7㎜程度の小さな生き物。形はダニに似ているが（見ようによっては名前の通りクマにも見える）、昆虫やクモといった節足動物門とはまったく異なる、緩歩《かんぽ》動物門に属する生物だ。高線量の放射線に耐え、極低温でも乾燥した状態で生き続けることができるなど、驚くべき特徴を備えているが、生態にはまだまだ謎が多い。

クマムシに魅せられた堀川さんは、NASAやフランス国立医学衛生研究所、パリ第5大学などで研究を続けてきた。その後、アカデミアを離れた彼は、国や企業に研究費を頼るのではなく、自分自身で研究資金を稼ぐ道を選んだ。最新科学の話題を詰め込んだ有料メルマガ、クマムシのLINEスタンプ、クマムシの観察キットなど、多様なコンテンツをプロデュースして、自分のやりたい研究が自由にできる環境を作り上げようとしている。

本当にやりたい研究があって、その魅力をファンに伝えることさえできれば、フリーで研究をすることも可能になったのである。

国や企業がスポンサーにならなければ、基礎研究ができないと思い込んでいる研究者は、その思い込みを捨てて欲しい。今なら、不特定多数から出資を募ることができる、クラウドファンディングを使って研究資金を集めることだってできるのだ。

いくらあれば、はじめられるのか？

それに今の日本は、お金の面から見ても世界的にとても恵まれていることを忘れてはいけない。飲食店やコンビニでは、高い時給でアルバイトを募集している。ブラック企業やブラックバイトでの苛烈《かれつ》な仕事が話題になっているが、それがために、安い時給で過酷な仕事を押しつけている企業は、時給を上げたり待遇をよくしないとバイトを集めることもできなくなっている。

難しいことを考えずに働いてお金を稼ぐ手段はいくらでもある。最悪、生活保護を受けるという手もあるだろう。

しかし、「お金がないからできない」と言う人は、いったいいくらのお金があれば自分のやりたいことができるというのだろうか。100万円？ 1000万円？ 1億円？ 結局、お金が問題ではないのではないだろうか。

「時間がないから、できない」は、現状維持を選んでいるだけ

これも、かなりの人が言う言葉だ。

第一、時間はみんなに平等だ。成功する人には時間があって、成功しない人には時

間がない、なんてことは当然ながら、ない。

「時間がない」というのは、「それをはじめると今やっている何かをやめなければならないが、それができない」ということなのだろう。

しかし、世の中はトレードオフだ。時間がないなら、どちらかに決めなければならない。むしろ、「何かをはじめるなら、何かを捨てなければいけない」ということは、当たり前のことだと知っておくことだ。

もう一つ、「朝から晩まで働いて、睡眠時間もろくにとれていない！」と怒っている人もいるかもしれない。

そんな忙しさはまやかしだ。

他人に要求されるがままに自分の時間を差し出していると、忙しいように感じるかもしれない。けれど、それは目の前のことに没頭していないから、意味もなく忙しい気がしているだけだ。

そして、そもそもそんな状況が嫌ならなぜ変えようとしないのか。

結局、不満はあっても、現状を維持するほうがその人にとって「楽」だから、そうしているだけなのだ。言われた本人は不本意だろうが、人間は自分で思っている以上に、合理的な行動をとっている。そう、いつの間にかトレードオフで〝現状〟を選んでいるのだ。

現状に満足とはいえなくても、行動を変えるほどの大きな不満はなくて、どうでもいいことを考える暇もある（いや、暇があると何かをはじめないための言い訳ができないから、忙しいように振る舞っているだけなのかもしれない）。

そして、やりがいとは何だとか、幸福とは何だとか、努力とは何だとか、役に立たないことに頭をめぐらせて、時間を使ってしまう。でも、そこからは何も生まれないことを、誰もが知っているはずだ。

没頭できる仕事と遊びで自分の時間を埋めて、自分の頭で考えるようにしていれば、そんな抽象的な問答に悩まされることもないはずなのだ。

ただし、限られた時間を最大限活用することで、たくさんのことができるようになることもある。

それについては、4章で紹介したい。

「自分には才能がない」「凡人だからできない」と言った時点で「今のままでいい」と言っているのと同じ

「自分には才能がないから」「凡人だから」と言って行動しない人もいる。

確かに才能のあるなしが影響する分野もあるかもしれない。

しかし、どんな功績を挙げた人でも、その人の努力によるところが、ないはずがない。


まず、僕がそんなに才能があるかといったら、別にそこまですごい才能があるというものでもないと思う。

でも、人一倍の努力はした。たとえば、あとで紹介するが、情報収集一つとったって、他の人とは一つ桁が違うほどの情報に触れている。最短距離で目標に届くよう、日々改善することも怠らない。

イチローだって、小学校3年生の時から、1年のうち360日は練習していたというし、今でも常に自分が最高の状態でいられるような努力をしている。でも、プロ野球界に入った当初のイチローを見れば、ドラフト4位でオリックスに入団したわけであり、その当時の選手の中では決して群を抜いて目立った選手ではなかった。

多くの人は「結果」ばかり見て、「あの人は天才だ」「あいつは才能がある」というが、こんな風に努力し続けることで、優れた結果を出す人はたくさんいる。

結局、「自分は凡人だから」と言ってしまった時点で、「自分は今のままでいい」「努力したくない」と言っているようなものなのだ。

どうせ言うなら、せめて努力してから言うべきだと思う。

さらにいえば、**才能なんて、やってみないと、自分にあるかないかなんてわからないのではないだろうか。**

やりもしないで「自分には才能がない」と言って最初から諦めてしまう人が、どれだけいることか。

才能も資質も、それを持っているかどうかなんて、やってみたあとでわかるものだ。やる前から「自分には才能ない」「資質がない」なんて、まったくの勘違いだ。

「やり方」なんてそもそもない

「○○がやりたいのですが、やり方がわかりません。どうしたらいいでしょうか?」という質問もよくいただく。

ネットで検索すれば、〝やり方〟なんてものはいくらでも出てくる。起業の仕方から、ギターの弾き方まで、なんでも出てくる。

結局「やりたい」と思っていたら、「やり方」なんていくらでも見つかるのだ。明日映画を見に行こうと思ったら、映画館のサイトで上映スケジュールを確認して、行くだろう。それと同じなのだ。

「やり方がわからないからできない」なんて、これもまず、調べてから言うべきことだ。

もっとも、僕はそもそも「やり方」なんてものはなくて、**すべてが「トライアンドエラー」**なのだと思っている。

ビジネスで成功するためには、思いつく限りのことを次々とやってみるしかない。僕もビジネスとして小さなアイデアを次々に試し、うまくいくものだけを残すようにしていた。「トライアンドエラー」の繰り返しの上、いくつかの事業が当たった。
結局、やり方とかセンスではなく「トライアンドエラーをどれだけ続けるか」ということだと思うのだ。

大体「やり方がわからないからできない」と言う人ほど、「それをやるためのコツはないですか？」と聞いてくる。

はっきりいって、そんなものは、ない。
ただ努力すること、努力を続けること。

僕だって、誰でもができることしかやっていない。
でも、少しでも明日が改善できるように、仕事を最適化したり、努力し続けている。
あなたが、もし僕以上になりたかったら、僕以上の努力をしてください、としか言いようがない。

僕だからできていることなんて、ほとんどない。結構、泥臭いやり方をしているんですよ。なんにせよ。

「自分には何もできない」と思ってはいけない

「勉強でも運動でも取り柄もなく、何をやっても長続きしない」

そう思うなら、不得意で好きでもないことではなく、別のことで頑張ればよいだけの話だ。

取り柄がないという人は、物の見方が狭いだけ。はたして本当になんの取り柄もない人などいるのだろうか。勉強や運動が苦手でも人当たりがよければ、よい接客ができるかもしれない。

また何をやっても長続きしない飽きっぽさは、逆にいえば、一つのことに縛られずいろいろなことにチャレンジできるという長所にもなる。僕自身、やってみはしたもののあまり手応えを感じられないことだと、すぐに飽きてしまう。だから、その時その時で興味が持てることを次々と同時進行でこなすようにしてきた。

「太っていて不細工だから、リア充になれない」「背が低いことがコンプレックス」。

そんなことで悩んでいないで、さっさとリア充になってしまえばいいのだ。太っているのであれば、低炭水化物の食事、筋トレと毎日30分以上の有酸素運動でさっさと痩せる。トレーニング方法はネットで調べればいくらでも出ているし、効果的に肉体改造したいのなら、トレーナーつきのジムに行けばいい。あとは、雑誌を買うなり友達に頼むなりして、服をコーディネート。美容室で髪を整え、清潔さや臭いに気を配るようにする。外見が変わるだけで周りの見る目は変わるものだし、そうなれば自分でも自信がついてモテるようになってくるものだ。

「リスクを考えると、できない」の本当のところ

本当にやりたいなら「リスク」は考えない

「会社を辞めたいけど、次の就職先も決まっていないし、できない」

「家族がいるから、起業はできない」

こんな風にリスクを考えて「やらない」人は、多いのではないだろうか。

会社だろうが学校だろうが、どうしても嫌ならばそこから逃げればいいだけだ。

ライブドア事件で有罪になった僕は収監されて、自由を制限された。刑務所の中で

は付き合いたくない人間もいたし、やりたくない作業もあったが、逃げることは許されていなかった。

あなたが辛い状況にあったとして、それは刑務所のように本当に逃げられない状況だろうか？　会社を辞めることにいったいどんな制約がかかっているというのだろう。

僕が考えるに、「辞めたい」と口にしつつ辞めない人間は、結局のところ辞めたくなどないのだ。

ただ、とにかくその場をしのぐための対症療法を求めている。そして、それを一生続けていく。まるでバンジージャンプを跳ぶのをためらっている人のように。跳んでしまえば、何かが変わるかもしれないのに。

なぜ、「その場しのぎ」で済ませようとするのか。きっと心の中では、「変わりたくない」「辞めたくない」と思っているのだ。変わりたくないのに変わりたいなんて、虫のよい話だ。繰り返すが、世の中は常にトレードオフだ。そんなに都合よくいきはしない。

本当は辞めたくないと思っている人間を辞める気にさせるのは、まったく脈のない女の子を口説くのと同じくらい難しい。「嫌だから嫌だ」とか「生理的に嫌だ」と言われているのと等しく、まったく埒《らち》があかない。

この手の相談はよく受けるが、そんな人間からの相談を受けるのは時間の無駄でしかないと思っている。

逆に、本当にやりたいことがある人であれば、口説くことなど簡単だ。

たとえば、僕はロケット事業を進めるために、優秀なエンジニアを何人もスカウトした。エンジニアの中には、「ロケットの仕事で食っていけるのか」とか、「今の職場に迷惑をかけるんじゃないか」とか、どうでもいいようなことを延々と考えて踏み切れずにいた人もいる。けれど、彼らは本心では、ロケットを作る仕事をしたいと思っている。

恋愛でいえば、すでに自分に対して気のある女の子を口説くようなものだ。女性は口説かれる時、言い訳を欲しがっているという話があるが、仕事も同じ。口説かれるのを待っているエンジニアには、「人生は短いよ。やりたいことをやればいいんじゃない？」と声をかける。「ホリエモンが何回も口説いてくれた」という言い訳を与えて、「それならしょうがない」という気持ちにさせるだけのことで何も難しいことなどない。

「リスクがあるからできない」と思っているものは、きっと「やる必要がないもの」だ。今、自分が手にしているものを捨ててまでやる気になれないなら、結局、そういうことなのだろう。

だったら、愚痴など言わず、今のままでいればいい。

「やる」か「今のまま」か。

本当に選びたいものは、どちらなのだろうか。

「できない理由」は考えない

こうやって見ていくと、いかに「言い訳」が意味のないものなのかがわかるだろう。
勝手な思い込みで、自分の足を止めてしまう。
言い訳だけしていて、人生を変えたくないのなら、ずっとそうしていてもいいだろう。
本当に、暇な人ほど、「できない理由」ばかり挙げて、何もしないままでいる。
しかし、うまくいく人は、「やるか」「やらないか」。それだけなのだ。

やってみないと、「自信」はつかない

「自信がない」だって、同じことだ。

なぜ自信がないのかといえば、経験不足ということに尽きる。やったことがないから不安で、踏み出せず、経験を積むことができない。自信がないから、あれこれ言い訳を作り出して自分の小さなプライドを守ろうとする……。言い訳をする人は、そんな悪循環に陥っている。

営業をやったことがない人が、はじめて営業をやることになったら、当然不安だろう。しかし、なんとか一つでもモノを売ることができれば、それは自信になる。自信を持つようになれば嫉妬もなくなっていくし、自分が他人に負けていると感じても、どう工夫すれば勝てるかを考えられるようになる。

仕事に限らず、人間関係でもなんでも、まったく同じだ。

異性と話してみてうまくコミュニケーションをとることができたら、恋愛に踏み出すことを極端に恐れることはなくなる。自分が音頭をとってイベントを立ち上げたら、同じようなイベントは苦もなく回せるようになる。

一度やって成功したことについては、人間は自信を持って臨めるようになるものだ。

もちろん、時には手痛い失敗に終わることもあるわけだが、それはやってみなければわからない。

「経験を積むチャンスがなかった」と言う人がいるかもしれないが、チャンス自体は目の前にいくらでも転がっているものだ。

コミュニケーションが苦手な人にとっては、目の前にいる人に思い切って声をかけることすら挑戦かもしれないが、そんな機会はいくらだってある。

チャンス自体は誰にでも平等に与えられている。ただ、前に踏み出すかどうかの違いなのだ。

些細なことでよいから、常に小さなチャレンジを行ない、少しずつ少しずつ成功体験を重ねていく。なんでもうまくこなせる人間と比較して落ち込むのは無意味なことだ。**ここで比べるべきは、過去の自分。**自分の成長を実感できれば、それが自信になる。諦めずに成功体験を重ねていけば、ある日突然大きく成長する時が必ずやってくるはずだ。

結局、言い訳をして行動しない人間は「暇」なのだ。

しかし、その人にとっては、それが合理的な行動なのだと思う。経験不足で自信がないと言って、自分のプライドを守り、現状を変えずに済ませるために言い訳を作り出しているのだ。

「言い訳」で自分を守る人達

このような事象を見事に一刀両断したのが、先ほども紹介した『嫌われる勇気』だ。『嫌われる勇気』には、何年も自室にこもりっきりになっている男のエピソードが出てくる。彼は外に出たいし、仕事もしたいと願っているのだが、部屋を出ようとすると不安や手足の震えに襲われてしまう。

一般的には「引きこもりになる原因」があって、「外に出られないという結果」につながったと考えがちだが、アドラー心理学では「原因」、つまり言い訳を一切認めない。「外に出たくない」という目的が先にあって、そのために「不安という感情を

●一般的な考え方とアドラー心理学●

〈一般的な考え方〉

引きこもりになる理由

↓

外に出られなくなるという結果

〈アドラー心理学〉

外に出たくないという目的

↓

不安という感情を作り出す

作り出している」と考える。

要するに、できない言い訳を用意することで、自分が傷つかないで済ませようとしているというわけだ。

アドラー心理学の考え方は、受け入れがたい人もいるかもしれないが、僕には非常に腑に落ちるものだった。

自分のサロンで僕は「こんなプロジェクトをやってみたら面白いんじゃない？」とメンバーの背中を押すことがある。そういうチャンスを与えられて、どうしても一歩を踏み出せない人もいる。自分にはスキルがないとか、なんだかんだと言い訳してしまうのだ。

今までやったことのないことをするのは、バンジージャンプと同じようなもの。バンジージャンプをするのに、特別な能力など何一つ必要ない。ロープを巻いて、ただ飛び降りるだけだ。それなのに、恐怖で泣き出してしまう。

過去のトラウマだかプライドだか知らないが、せっかくのチャンスを前に、尻込みするなんて、理解できない。


それに僕のサロンでは、チャレンジさせるといっても、まったく不可能な無茶振りをするわけではない。今は何をするにもさまざまな選択肢が用意されているし、サロンには優秀な人材も数多く揃っている。

こうした人達の力を借りてチャレンジすることに、いったいどれほどのリスクがあるというのか。

バンジージャンプ用のロープだけはしっかりと結んでおいてあげるのだから、飛び降りたからといって死にはしない。僕からすれば、「ここまで揃えてあげているのに、やめるなんて。もう勝手にすれば！」という気持ちにもなる。どれだけ準備をしていても、人はすぐあれこれと言い訳をしてやめてしまう。それがどれだけもったいないことか。

この章の最後に言っておこう。
言い訳をやめると、本当にすっきりする。
すぐに体が動くようになる。
これだけは、今すぐやってみて欲しい。

●1章のkeyword●

「できない理由」を探して、いいことあるのか？

2章

バランスをとるな！

「本音で生きる」ために不要なことの二つめ、それは「バランスをとる」ということだ。

バランスなんかとらなくていい

「やりがいのある仕事をバリバリやりたい」が、「家族サービスのためのゆったりした時間も欲しい」。

「趣味の時間は今より減らしたくない」が、「もっと収入は欲しい」。

多くの人は、「バランス」をとろうとしすぎる。

でも、それはちょっとずるいと思うのだ。

仕事も家庭も趣味も、なんでもかんでもいいとこどりで、バランスのとれた生活をしたいと言っておきながら、もっと時間を効率的に使いたいとか、チャレンジの多い人生を送りたいとか、人間関係で悩みたくないとか……。

それははっきりいって無理だ。

まず、バランスを維持したまま、新しいことなどできるわけがない。現状を変えることなく、物事のいいとこどりをしようというのは不可能というものだ。

心躍る体験を味わおうとすれば、そのために費やす時間も必要になるし、失敗のリスクもある。物事はすべてトレードオフであり、例外はない。


会社を立ち上げた頃、僕は仕事に没頭していた。この時期は寝ている時以外（睡眠時間はきちんと確保していた）、ビジネスのことを考え続け、家にも帰らず、家族との時間も持たなかった。結局その時の家族とは別れたが、仕事の面では、海外に子会社を作ったりと、充実していた。

そこまで徹底しないと、やりたいことはできない。でないと、土日に仕事をしたいと思っても、やっぱり「家族サービスがあって……」と中途半端なことになる。

僕の例だから仕事の話をしたけれど、没頭するものは仕事でも趣味でもなんでも構わない。

エキサイティングな人生を送るとは、何かを犠牲にして、何かに没頭することなのだ。「今の自分を変えたくない」が、「ちょっとしたコツ」で「エキサイティングな人生を送りたい」なんて、虫のいい話なのだ。

本当にやりたいことがあるのなら、バランスなんてとらなくていい。極端でいいのだ。

没頭するために必要なこと

「仕事ばかりに重点を置いて過労死する前に、『ワークライフバランス』が重要だ！」という反論もあるだろう。

しかし、ブラック企業と愚痴りつつその会社を辞めない人というのは、仕事をつまらないと感じているだけなのではないだろうか？　嫌々ながら仕事を他人からやらされている、自発的に動かないから没頭することができないでいる。

だったらまずは、目の前の仕事に面白さを見いだすことだ。自分なりに工夫して仕事を改善してみる。営業なら営業で成績を上げるように努力してみる。そうすれば、仕事も面白くなって没頭できるようになってくる。

だからといって、過労死するまで働くのはナンセンス。どうしても疲れた時には、上司や同僚の目など気にせずにさっさと帰って休めばいい。

上司や同僚の目が気になって帰れない？　つべこべ言わずに、帰ることだ。それを繰り返しているうちに、自然と「あいつはそういう奴だ」ということになって、誰も何も言わなくなる。

安定した仕事や人間関係など存在しない

なぜ、バランスをとろうとする人が多いのか。

それは、今の安定を手放すことを恐れているのだろう。

だが、みんな薄々と気づきはじめているのではないだろうか。この世に、安定した仕事や人間関係など存在しないということに。

会社に勤めていること。

家族がいること。

結婚していること。

それらが、本当に安定したものだと思っているのだろうか。


大企業であっても倒産してリストラされてしまうリスクは高まっている。ずるずると会社勤めを続けていて、40代、50代になってからいきなりクビを切られるのは本当に悲惨だ。リスクをとらなかったこと自体が、そのままリスクになってしまう典型的な例だといえる。


同じことは、家族や結婚などの人間関係についても当てはまる。

僕自身は狭義の意味での家族を持ちたくないし、むしろリスクだと考えている（狭義というのは、従来の制度上にある「家族」ということだ）。こんなに豊かな世の中で、関係を固定化することのほうがリスクだと考えるからだ。

離婚にしたって、今結婚しているカップルの半分くらいは、ぶっちゃけ離婚したいと思っているのではないだろうか。それこそ、制度的にも、気持ち的にもいろいろと大変だから、みんな二の足を踏んでいるのではないだろうか。

僕は離婚の経験があるけれど、別れても死ぬわけではない。

こう言うと冷たい人だと思われるかもしれない。でも、ここで聞きたいのだが、あなたは元カノ（元カレ）のことをどれだけ思い出すことがあるだろうか。一時期はすごく愛し合ったとしても、たいていの人はいつかは忘れてしまう。それに関して「何で忘れるんですか？　ひどい人だな」と言われる理由はないだろう。

そう考えると「親子の情」などというのも思い込みのような気もしてくる。「親子の情がないといけないよ」とみんなに言われているから、あるように思いはじめる、という人も、いるのではないだろうか。

家族や結婚というものも、必ずしも「安定」したものではないといえる。

「孤独が不安」なら、結婚にすがるべきではない

「孤独が不安だから」という理由で、結婚して家族を作ろうという人がいるが、それも僕には信じられない。どうして、その関係が未来永劫、ずっと安定していると信じられるのか？

将来の孤独が恐ろしくて結婚してしまうような人は、60歳になって離婚する羽目になったらすぐにボケてしまうだろう。

孤独が不安だというのなら、どれだけ続くかもわからないたった一つの人間関係に、自分の人生を委ねるほうがよほどリスクが高い。それよりは、Facebookなどで幅広い人間関係を作ったほうがはるかにリスクヘッジになるはずだ。

大体、人間関係や職場に「安定」を求めると、人間はダメになっていく。

惰性で家族関係を続けているうち、緊張関係が次第に失われ、服装や化粧、体形、

言葉に気を使わなくなる。

職場でもそうだ。同じ仕事をしていれば同じように給料がもらえると思っている人から、素晴らしいアイデアなど出てくるはずもない。

安定を求めることは、リスクだ。その場に留まり続けることは、同じ状態でい続けることではなく、劣化していくということなのだ。

そう考えると、「バランスをとらないといけない」と思うこと自体が、かえってリスクにもなるのだ。

ゼロイチ思考の枠を外せ

「バランスをとらなければならない」と考えている人は、「ゼロイチ思考」にとらわれすぎているのではないだろうか。

物事を「あり」ｏｒ「なし」、「勝つ」ｏｒ「負ける」のように、両極端にしか見られない。

たとえば、

・いい会社に就職して安定した生活を送る

ｏｒ

・就職できなければ人生終わり

・結婚して幸せな家庭を築く
ｏｒ
・結婚できずに孤独な人生を送る

などなど。

しかし今は、社会も人間関係も多彩だ。やりたいことがあるから仕事は派遣やパートでいいという人もいるし、途中で独立・起業する人もいる。それなのに、なぜ、ゼロとイチのモノクロの世界にこだわる必要があるのか。薄いグレーもあれば濃いグレーもある。緑や青、赤の色彩も溢れている。

世界は、そんな「どちらかを選べ」みたいなものではまったくない。

たとえば、結婚や育児だ。

先にも述べたように、僕自身は狭義の意味での家族を持ちたくないし、夫婦で一生連れ添うことになんの関心もない。

これに対して、「結婚制度を廃止したら、モラルが崩壊して世の中が滅茶苦茶になる！」とか、「結婚制度がなくなったら、どうやって子どもを育てるんだ！」と反論をぶつけてくる人がいるが、これこそまさにゼロイチ思考の典型だ。

みんな根本的なことを見失っているのだ。

人間関係はゼロイチで測れるものではなくて、グラデーションになっている。結びつきの強さのようなものは、相手によって変わってくる。結婚とか恋人とか、そういう制度や言葉ですべての関係を言い表わすことはできない。だったら、「あるがまま」で、いいのではないか。

今は、昔ながらの結婚制度で同居してうまくいっている人もいれば、僕のようにそういうしがらみがイヤな人間もいる。別居して時々会うくらいがちょうどいい人もいるだろうし、何人かのパートナーを持つ関係だって別にいいだろうし、ネット上で大勢の人と緩くつながるだけでいいという人もいるだろう。

結局、人間関係については、その時、その時で、必要に応じて変えていけばいいのだ。

就職についても同じことがいえる。

高度経済成長期に人手不足に悩んだ企業が、長期雇用で労働者を囲い込もうとし、それがいつの間にか終身雇用として定着していった。終身雇用など数十年程度の慣行にすぎないが、誰もが終身雇用を当たり前だと思うようになってしまった。

これまでの常識を疑うことなく受け入れていると、「○○でなければならない」という思い込みから抜けられなくなってしまう。その挙句に「バランス」をとることに必死になり、やりたいことも中途半端になり、体も壊してしまったりする。そんな思い込みにとらわれないほうがいい。

やりたいことがあるのなら、
極端でいい

3章

本音で生きられない理由は「自意識」と「プライド」である

みんなプライドが高すぎる

最後は、「プライド」と「自意識」だ。

みんな自意識過剰なのだ。

大企業を辞めたくても辞められない人、あるいはリストラされても再就職できない元会社員はたくさんいる。日本であれば、働き口もあれば、ほかの選択肢もたくさんある。それなのに動くことができないのは、「大企業を辞めて、小さな会社で働くのがみっともない」「バイトで働いたり、生活保護を受けるのは恥ずかしい」と思ってしまうからではないか。

会社や仲間内でいるとしても、「○○にどう思われたら嫌だ」「こんなことをしたら、何を言われるかわからない」と思って、やりたいことをやれないでいる。

「世間体が悪い」「人の目が気になる」というのは、僕に言わせればすべて自意識過剰だ。

実際にあなたのことをそんなに注目している人は、そうはいない。多くの人は、自分以外のことになんの関心もないのだ。

僕だってそうだ。

僕もそれなりに知名度はあるから、その辺を歩いていたら「ホリエモンだ」と指をさされたり、「一緒に写真を撮ってください」とか「握手してください」などと知らない人から話しかけられることがしょっちゅうある。

それでは、この人達は僕のことを四六時中考えているだろうかといえば、そんなことはない。

友達と夕飯を食べながら、「今日、ホリエモンと一緒に写メ撮ったよ」「へえ」と、ニュースネタとして消費されて終わり。アメリカの大統領にしてもどんな有名人にしても世間の関心など、せいぜいこの程度のものだ。ストーカーのような人もたまにいるけれど、無視するだけだし、ストーカーに興味を持ってもらったとしても嬉しくもなんともない。

結局、他人のことなんて、誰も気にしてはいない。それなのに、たいていの人は有名人でもなんでもないのに、自分が世間から注目されていると思い込んでいる。本当は有名人ですら、誰も注目していないのに。

極端なことをいえば、親子や夫婦だって、相手のことを四六時中考えているわけではないだろう。相手のことを考えている時もあれば、自分に今必要なことを考えていることもある。これは当然のことだ。

仮にあなたが死んだとして、仲のよい家族だったら1か月くらいはずっとあなたのことを考えてくれるかもしれないが、それ以降思い出されることは次第に減っていくだろう。

でも、それは別に寂しいことではない。誰にとっても当たり前のことだ。

結局、そんなものなのだ。だからこそ、**実際には存在しない「世間」などというものを気にする必要はまったくないのだ。**

日本の場合、親孝行を子どもの頃から押しつけられる。子どもは親の言うことを聞くものだと言われて育つから、親に「世間体が悪い」と言われると、その通りにしてしまう人が驚くほど多い。

就職するか。大企業を辞めて転職するか。起業するか。結婚するのか。そうした人生の選択の際に、親の言う通りに決断することが親孝行ではないだろう。大体、親孝行など意識して生きる必要などどこにもありはしない。

世間体を気にする親の言うことを聞かなければ、どんなデメリットがあるというのだろうか。

実家暮らしで肩身の狭いニートが親に「近所に何を言われるかわからないから、どこかに就職しろ」と言われても、別に就職しなくていい。嫌々就職しなくてもネットなりなんなりでいくらでも稼ぐことはできる。

むしろ、親世代の時期と大きく時代が変わってしまった今、親に言われた通りに就職や結婚をしたところで、うまくいく保証などまったくないのだ。

「プライド」はないほうが、みんなに愛される

会社を辞めると世間体が悪いとか、転職に失敗すると格好が悪いとか、思うところはあるだろうが、誰もあなたのことなど気に留めていない。

だから、他人が言うことなんて、気にしないこと。そんな程度なのに、何をもったいぶっているんですか、と思うこともたくさんある。

それなのに、なんでみんな、そんなに自分を防衛するんだろう。守っても、いいことはないはずなのに。

特に、年をとってくると、プライドがものすごく高い人と、全然なくなる人と二極化してくるように思う。

僕は、自分も「プライドがない」ほうにいきたいと思っているし、今、段々とプライドがなくなってきている。

たとえば、僕はお腹を下しやすくて、昔はパンツだけ捨ててノーパンで帰ったり、「途

中でコンビニでこっそりパンツを買ってはこうか」みたいなこともあったけれど、今は、女性といても「俺、今日ノーパンなんだよ」ということが言えるようになっている。

テレビでもそうだ。ある番組で以前、メンタリストのＤａｉＧｏさんとババ抜き対決をしたことがあった。最初、ＤａｉＧｏさんは、僕がどんなに顔に出さないようにしていても、ぴたりと当ててきた。そこで僕は戦術を変え、話しまくるようにした。「ワーッ」と叫びながら暴れている自分が放送され、見ている人には滑稽に映ったかもしれない。でも、ネットでの感想を見ていると、好感度は高かったようだ。

こうしてプライドをなくそうとすると、慣性がついて、どんどんプライドがなくなる方向に進む。

一方で、プライドの高さに慣性がついて、どんどん、どんどん高くなる人もいる。そうして、すごく気難しいおじいさんや、おばあさんになっていく。こわばった表情のまま、一人でつまらなそうにしていて、誰も話しかけてこない。「あーあ、かわいそうだな」と思ってしまう。「プライドをなくせば、もっと楽になれるのに」「そんなこと気にしなきゃいいのに」と。

人間なんて誰でも一緒。ちっちゃいプライドで、身動きがとれなくなってしまう。本当に「あなたのことなんて、誰も見ていない」のだから、気にせず、言いたいことを言って、やりたいことをやればいい。

プライドを低くすれば、すべてうまくいくのだ。

「世間体が悪いとみんながついてこない」「こんな年収じゃ格好がつかない」などと思っている人もいるかもしれない。

大丈夫。

プライドはなくなったほうが、みんなに愛される。

確実にとっつきやすくなって、人が寄ってくる。

逆に「すごい自分でいなければいけない」とか「相手に嫌われたらどうしよう」と

思って、プライドが高くなると、結論として、相手が自分の側に来づらくなる。そう思わないだろうか？

「恐い相手」は、自分のプライドがつくっている

初対面で相手を恐く感じることもあると思う。

偉い人だったり、気を使わなければならない相手だったりすると、恐がって、うまく話せなくなってしまう。

これも、「プライド」からくるものだ。

「相手に悪く思われたらどうしよう」とか、「アホだと思われたらどうしよう」とか、そう思って話せなくなるのだ。

こういうことは、僕にもある。

たとえば、堀北真希ちゃんが、目の前にいたら、ちゃんと話せるかどうか。これは、ちょっと自信がない。もちろん頑張るけれど、うまくいくかどうかはわからない。

だけど、そんな彼女に好かれようと思ったら、ファイティングポーズを構えてガードしていては、絶対ダメなのだ。ノーガードで、「どんどん来て」みたいな感じにならないと、自然に話はできないのだ。

「小利口」になるな

ノリで動けない人は、とにかくプライドが高い。

「失敗してバカだと思われたらどうしよう」「思ったことを口にして、相手から反撃されたらどうしよう」。そんなことばかり心配して、「プライド」という名の壁を自分の周りに高く築き、その中に引きこもることで、弱い自分を守ろうとする。

言っておくが、そうしていて得られるものはほとんどない。

たとえば、異性に気に入られたい時も、プライドを捨てて、自分のまとっているヨロイを脱ぐことだ。

場に美人／イケメンや有名人がいると、その周りにはなんとかお近づきになりたい人達が群がってくる。けれどたいていの人達は、ヨロイを着込んでガチガチのファイティングポーズをとってしまう。

「気の利いたことを言わないと、バカだと思われる」「ダサく見えないよう、お洒落に振る舞わなければ」「面白い奴だと思われるように、頑張って冗談を飛ばさないと」。ヨロイを着込んだ奴らに周りを取り囲まれたら、囲まれた相手もくつろげない。そんな場に、気どらず自然体で動ける人間がいれば、相手も緊張せずにいられる。結果的に、そういう人間がおいしいところを持っていく場面を何度も見てきた。

考えすぎてしまう人間は、いつもチャンスを逃す。せっかく知り合いになった彼／彼女を誘うにも、身構えてしまう。

「食事に誘ったら図々しいと思われないか」「キモいと思われたら、どうしよう」。なんとかメッセージを送って誘っても、まだまだ悩む。相手が人気者だったり忙しかったりすれば、返事が来なかったり断られることもあるだろうが、「返事が来ないのは、嫌われているからでは」と、延々と悩み続ける。

しかし、ここで「彼／彼女にうざがられているんじゃないか」「嫌われているんじゃないか」と思ったら、その時点で負けだ。

たいていの場合は、たんに相手のスケジュールが埋まっているだけだったりする。もちろんストーカーのように粘着し続けるのは論外だが、ちょっと食事に誘ったくらいで、普通の人間はそこまで気分を害したりはしないものだ。いちいち悩んだりしないで、手を替え品を替え、相手が喜ぶようなことを考えて誘ってみればいい。

それでもどうしてもダメなら、縁がなかったということ。さっさと次に行くだけだ。

嫌われたら「プライド」は傷つくかもしれない。でも、付き合いたいのなら、踏み出さなければなんにもならない。

今までの自分を守るために、チャンスを手放してしまうなんて、まったくおかしなことだ。

プライドのないバカが一番強い

結局、プライドの低いバカが、得をすることも多い。

たとえば、有名人であっても初対面の人であっても、誰かれ構わず声をかける人がいる。周囲から見たら、「あんな有名人にいきなり声をかけてバカじゃないか」と思うかもしれないが、その後、きっかけがあってその有名人と付き合いが続いているという人もいる。

たいていの人は、声をかけても拒否されるだけだと思っている。普通に考えれば拒否されるのは当然なのだが、それなのに、断られて自分のプライドが傷つくことを恐れている。

しかし、プライドが低ければそれを恐れない。積極的に声をかけ、自分の希望を叶えてしまうのだ。

ビジネスにおいても、そうだ。特別優秀でなくても、いい加減な仕事をしていても、しっかりビジネスを回している人がいる。

バカでもビジネスをうまく回せると聞くと驚く人もいるだろう。しかし、自分がバカだと思うなら、利口な人間にアウトソーシングすればいいだけの話だ。「自分がバカ」であることを知っていれば、わからないことがあったら、なんの躊躇もなく人に聞くことができる。自分に知識がないことを恥じる変なプライドがないから、逆に利口な人を使ってすばやく動くことができる。

一方、中途半端に小利口な人間は、不得意なことまで全部自分で頑張ってやろうとしてしまう。しかし、利口な人の仕事には勝てないから、大変な思いをするだけで、あまり成果は挙がらないという状況になる。

「自分がバカ」であることを知っている人は、強いのだ。

考えてみれば、僕より上の世代の成功している起業家には、社会のはみ出し者が多かった。

実家がすごく貧乏だったり、働き口がなかったり、社会的にマイノリティだったり。そのままでは社会のメインストリームに乗れない人達が、やらざるをえなくて起業したケースが多い。ソフトバンクの孫正義氏も、そうした起業家の一人だろう。

ほかに選択肢がないから、変なプライドを捨て、実現可能性が云々といった余計なとも考えず、彼らは必死になる。最初からうまくいくことは少ないので、失敗は何度か繰り返すが、失敗から学ぶことでうまく回せる。最初は無茶でいい加減なことをしていても、会社が軌道に乗ってくれば、利口な人間が入社してくるから経営も安定してくる。それがこれまでの起業家の成功パターンだ。

何かことをなすためには、プライドなんて余計なものは必要ない。むしろ周りにいる人がプライドが高すぎて動けないところで、「プライドがなかったからできちゃった」みたいなことはたくさんある。

中途半端に小利口な人は、グダグダ、グダグダ考えているだけで、結局何もできない。結局、「考える」ことができるほど利口じゃないバカが、得をしているのだ。成功なんてバカでもできる。いや、バカが一番なのだ。

猫ひろしは、なぜ、カンボジアで走ったのか

2009年頃、芸人の猫ひろしさんにアドバイスをしたことがあった。猫ひろしさ

んはネコ真似芸でブレークしたが、その後は鳴かず飛ばず。あれこれ試行錯誤はしているものの、どれもうまくいかず、何をしたらよいのか悩んでいる時期だった。

本当に困っている様子の彼を見て、僕は相談に乗ることにした。まず彼の特技を聞いたところ、走ることだという。彼はトレーニングしたこともなければ、誰かに教えてもらったこともないのに、バラエティ番組の企画でマラソンに挑戦したらあっさりフルマラソンで3時間を切れてしまったのだ。僕が相談に乗った時も、前の現場から10kmを走ってやってきたというので、僕は驚いた。ちゃんとしたトレーニングを受けたら、2時間半を切るのも夢ではなさそうだ。

だが、日本のマラソン選手の層は厚い。芸人としてマラソンが断トツに速くても、トップレベルの選手の中では埋もれてしまう。

ならば、日本でなければどうか。僕は仕事の関係でカンボジアの政府関係者にコネがあったことを思い出し、彼に告げた。

「猫さん、カンボジア人になればマラソンの代表選手になれるよ」

猫さんの答えは、「ああ、それいいすね。やばいすね！」。

申し訳ないが、猫ひろしさんを見て「頭がいい」と思う人は、そんなにいないだろう。だが、だからこそ人の言うことを素直に聞いて盛り上がり、あっさりとカンボジア人になってしまった。実現可能性など考えるような、小利口な人間には絶対にできない芸当だ。

カンボジア人になった猫さんは、優秀な成績を出してオリンピックのマラソンの代表選手に選ばれた(もちろんカンボジア代表として)。もっとも、国際競技会での代表経験がない、居住実績がないという物言いがついて、残念ながらロンドンオリンピックに出場することは叶わなかったが。

ロンドンオリンピックは逃したが、猫さんは数々の国際マラソン大会にカンボジア代表として出場し、上位入賞をなしとげている。2015年6月にシンガポールで開催された東南アジア競技大会でも6位。しかも、コースを間違えた上での6位だから、さらに上の順位だった可能性もある。何より、「走る芸人」というポジションを彼は手に入れることができた。鳴かず飛ばずになっていた芸人が、ここまで来られたというのはすごいことではないだろうか?

ノリのよさでチャンスを掴む

僕も最初からすごくノリのよい人間だったわけではない。自分を変える一つのきっかけになったのは、大学時代のヒッチハイクだった。仲のよかった同じ寮の仲間が、「一緒にヒッチハイクをしない？」と誘ってきたので、面白そうだと思って飛びついたのだ。ヒッチハイクで旅をしている間、見知らぬ人に声をかけて自動車に乗せてもらう。たったそれだけのことだが、そんな小さな成功体験のおかげで、僕は自分の殻を破って、自信を持つことができるようになった。

ノリで行動するのに、やり方も何もありはしない。知り合いが誘ってくれる面白そうなイベントに参加するか、自分から知らない人に声をかけてみるか、新しいモノをいちはやく手に入れて試してみるか。そんな小さなことを躊躇なく、積み重ねられるかどうかなのだ。

ノリが悪い人には、それがわからない。

「飛びつくべきチャンスかどうか、いったいどうやって見分けたらいいんでしょう？」と、的外れなことを尋ねてくる。

ちょっとしたチャンスは、いつでも誰の前にでも流れている。それが将来的に何につながるかなど、誰にもわかるわけがない。自分が面白そうだと感じたら、飛びつくだけだ。飛びついた結果、予想以上に面白い体験ができるかもしれないし、逆に不愉快な経験をすることにもなるかもしれない。

飛びついた結果がどうなるのかなどわからないが、確実にいえることがある。**ノリのよい奴には、あちこちから声がかかるようになり、加速度的にいろんな経験ができるようになっていく**のだ。

僕は仕事でも、ノリのよさだけは決して忘れないようにしている。創業まもない頃など、得意先になってくれた会社の人から夜中に「これから飲もう」と呼び出しがあったことがある。そういう時に、締切があるからなどと理由をつけて断るのは、ノリが悪い。すぐに駆けつけて一緒に飲むことで、そこから仕事も広がったし、新しい経験にもつながった。

何も、睡眠時間を犠牲にしろとか、締切を破れと言っているわけではない。睡眠時間や締切も、知り合いからの誘いも、全部こなすためにこそ、知恵を絞るべきなのだ。

つまるところ、「小利口」が一番よくない。

あれこれとまことしやかに考えて、結局動けずにいる。

きちんと考えられるならまだしも、その多くの考えは、自分の「プライド」を守るための言い訳だったりする。

そんなことを考えるくらいなら、ノリで動いたほうがよっぽどいい。

常識にとらわれていては、バーディはとれない

僕がハマっている遊びの一つに、ゴルフがある。好きが高じて、ゴルフ仲間をマッチングするためのサービスまで作ってしまったほどだ。

ゴルフ場や練習場で他人のプレーを見ていると、その人の性格がよく見えてくる。

たとえば、パット。

このパットを沈めればバーディというチャンスで、リスクをとることを恐れる人は、どうしても弱く打ってしまいがちだ。そうすると、ボールはカップの前で止まる。バーディは逃すけれど、最低限パーがとれればいいやと考えるわけだ。こういうやり方をとる人は多いのだが、それでは決してバーディがとれるようにならないし、たいていはパーすらもとれずボギーになってしまう。

なぜかといえば、カップの手前でボールが止まった場合、そこからカップまでのライン（ボールの転がる道筋）がどうなっているのかわからないからだ。

バーディをとりたいのなら、強めに打たないとダメだ。

もちろん、強く打ったからといって、必ずバーディがとれるとは限らない。外したら、みんな失敗だと思うだろう。

だが、ここでパットを外したことは失敗ではない。カップをボールが行きすぎたとしても、それによってラインがどうなっているのか大体見当をつけられる。だから、返し（オーバーしたところからカップに戻る）のパットでパーがとれるチャンスは高くなる。

●リスクをとることを恐れていてはバーディはとれない●

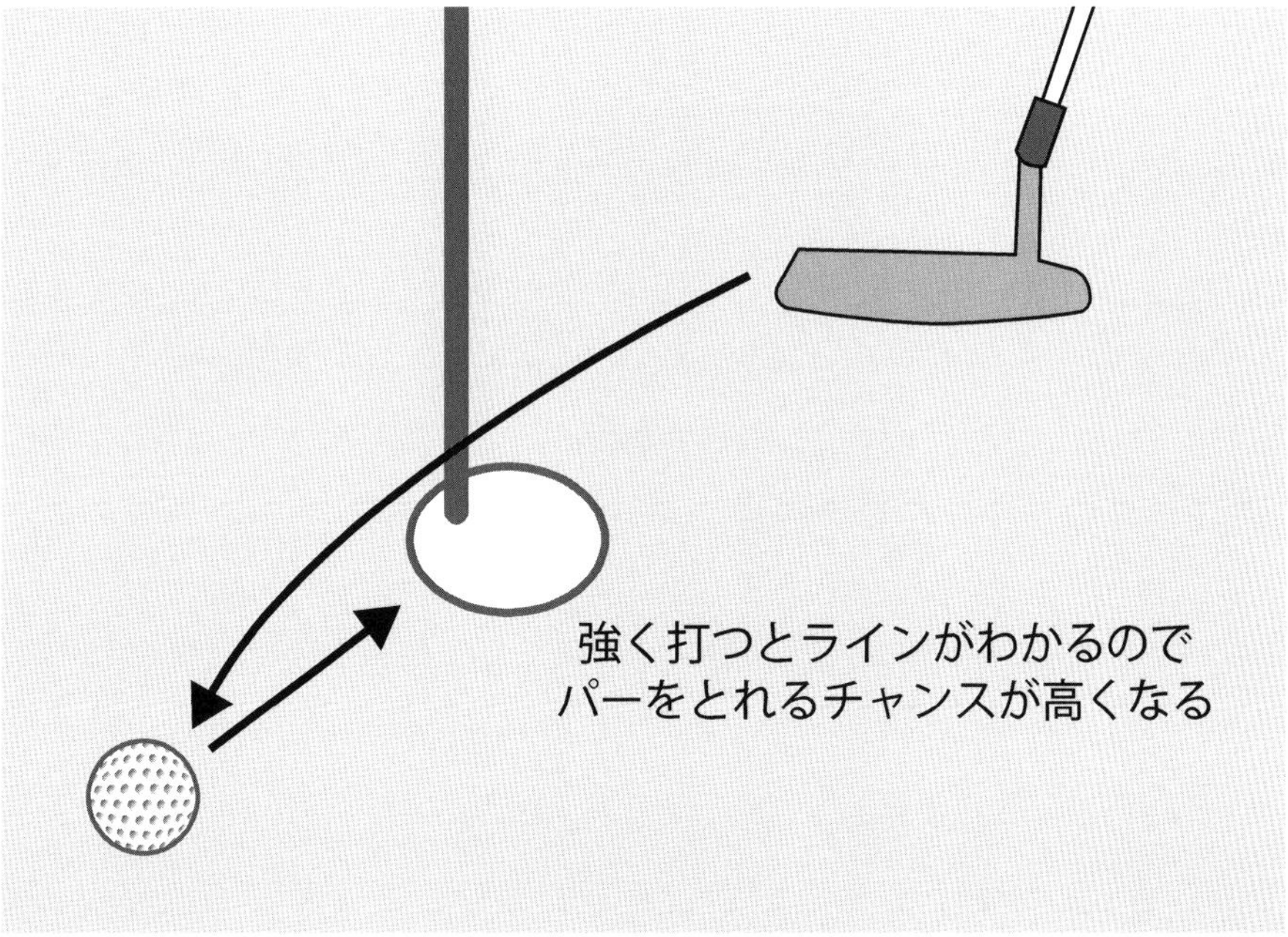
強く打つとラインがわかるので
パーをとれるチャンスが高くなる

こういうつもりでパットを打っていれば、何回かに1回はバーディをとることだってできるようになるだろう。

実社会でも同じだ。

外野の言う常識的な安全策をとって、パー狙いの中途半端なやり方をしたのでは、結局ボギーになってしまう。

「やる奴」というのは、常識には縛られず、オーバーすることを恐れずにパットを打つ。オーバーしてしまったら、その経験を元に打ち方を修正し、それをひたすら繰り返す。オーバーする経験の積み重ねがあって、はじめてバーディという成功を手に入れることができるのだ。

僕もこれまでには、数え切れない失敗を繰り返してきた。作っても日の目を見ることのなかったサービスだって山ほどあるし、痛い目にもあってきた。

それらは、失敗ではない。チャレンジし経験を積み重ねたことが、今の僕を作った。

実現可能性など考えるな

僕が考えるに、やりたいことをやって成功する人は「リスク」をあまり考えていない。

やる前から「成功するかどうか」「失敗する確率はどれだけか」なんて考えていたら、結局、いつまでたっても、実行には移せない。どこまでいっても「成功するかどうか」は、やってみないとわからないものだからだ。

だから、「成功する可能性を、どうやって見極めればいいんでしょう？」などと心配する人に対して、僕は理解に苦しむ。やるかどうかなんて、その場の勢い。ノリ、フィーリングといってもいい。それができない小利口な奴は失敗することばかり考えて、結局リスクをとれないのだ。

実現可能性をまず考えて尻込みするような人間は、リスクをとらないこと自体が最大のリスクだということに気づいていない。

こうして結局、小利口な人ほど、成功から遠ざかる。

ベンチャー企業に就職しようとしたら親に反対された。起業しようとしたが、知人からやめておいたほうが安全と言われて思いとどまった——。

周りにいる人に諭された結果、やろうと思っていたことを諦める人がいる。周りが認めてくれることなら、やってみようというわけだ。

だが今の時代、周りの人間、特に親が認めるようなことは、確実に失敗するといっても過言ではない。

何度か話をしたことだが、「オン・ザ・エッヂ」（ライブドアの旧社名）を経営していた時に、親の反対でオン・ザ・エッヂへの就職を諦めた学生がいた。元々プログラミングはできなかったがものすごい勢いで技術を吸収していくので、僕は期待をしていたし、彼もますます仕事に没頭するようになり、いつしか「大学を辞めて、ライブドアに就職したい」と言うようになった。そこへ母親が怒鳴り込んできたのだ。「こんな会社に入れるために、東大に入れたんじゃない！」。いったいどんな会社ならいいのだ。そのまま勤めていれば、面白い仕事も、大きな報酬も手にしたのにと当時思ったことがある。

企業も個々の日本人も、グローバルでの激烈な競争に晒《さら》されている。大企業であっても倒産や吸収合併される可能性は高く、最初に就職した企業で定年まで勤め上げられる人のほうがこれからは少数派になる。

安定した働き方など、もうどこにもないのだ。

むしろ、大学に行って中途半端な学歴を積むより、調理学校に行ってシェフになり、海外に行って日本料理店か寿司屋でもはじめたほうが、よっぽどモテるし、儲かるのではないだろうか。

これまでと同じことをやっていても、成功はできない。自分のやりたいことを、ノリとフィーリングでやってみるしか成功はありえない。

●3章のkeyword●

小利口が一番よくない！

4章

すべてを最適化せよ

自分の時間は自分のもの

有限の時間の中で、できる限り「やりたいことをやる」ために、この章では、僕が実践している時間の使い方を紹介しておこうと思うが、その前に、押さえておいてもらいたいことがある。

「忙しい、忙しい」と言う人はたくさんいるが、実際、本当に忙しい人はどのくらいいるだろうか？

「暇なんてない、毎日残業だらけで有給もとれない」

誰かに指示されるがまま、考えもせずに作業をしていれば、忙しいと感じるかもしれない。それはやることがなくて暇だから、その隙間を無駄な作業で埋めているにすぎない。

以前執筆した『ゼロ』（ダイヤモンド社）でも書いたが、時間には「自分の時間」と「他人の時間」がある。今、自分が「自分の時間」を生きているのか、「他人の時間」で生きているのかを、常に意識しておくことが必要だ。その視点から見て、今のあなたは、どのくらい「自分の時間」を生きているだろうか。

自分のやりたいことをやろうとすれば、他人のために無駄な時間を費やしている余裕などない。自分の時間は、自分だけのものだ。

世界には無限に面白いことが溢れているが、人間に与えられている時間は有限だ。僕にはそれがもどかしい。有限の時間をやり繰りして、仕事も遊びも、面白いことを思う存分満喫することが、僕にとっての人生だ。

何かをするために、お金も地位も必要ない。必要なのは、誰にでも平等に与えられている、死ぬまでの時間だけ。だからこそ時間は何よりも貴重な資源であり、それをいかに使うかが最重要課題となるのだ。

充実した時間を生きたいのであれば、まず、そのことを頭に入れておいていただきたい。

すべての時間を「最適化」せよ

「最適化」を繰り返すことで、できることが増えていく

自分のやりたいことを片っ端からやろうとすると、最初のうちはまったく時間が足りなくなってしまうはずだ。だが、それでやりたいことを諦めてしまっては意味がない。時間という希少資源をどう使えばよいのかを常に考えることによって、自分のできる物事の範囲は広がっていく。

そんなことで僕は常に「最適化」を考えている。たとえば、見ているニュースソースだって、内容がかぶっていたらどちらかやめようかとか、歯磨きは歯ブラシよりも

電動のほうが速いし、iPhone 6になって画面が大きくなったからKindleは持たなくていいやとか、そんな小さなことまで、日々改善をしている。

最近僕が行なった改善としては、夜のイベント出演を抑えたことが挙げられる。以前は、トークライブハウスでイベントを開催していたが、集客の関係で、開始時刻はどうしても午後7時以降にせざるをえない。そうなると終了時刻は午後9時半になってしまい、まともな食事のできる店に行けなくなってしまう。うまい食事は、僕にとって極めて重要だからこれは痛い。しかも、トークイベントに出演したところでたいしたギャラをもらえるわけでもない。それなら一般の集客にはこだわらず、「堀江貴文サロン」の会員向けとして早い時間帯にトークイベントをやったほうがいいと考えた。

うっかりしていると、毎日がルーチンになりがちだ。「これ無駄だな」と思ったら、すぐ改善をしていくのだ。

仕事の上でも、ＰＤＣＡという考え方があるだろう。ＰＤＣＡとは、「Plan：計画を立てる」→「Do：実行する」→「Check：評価する」→「Action：改善する」のこと。企業経営ではＰＤＣＡをいかに高速に回すかがカギとなるが、同様にして、自分自身についても、ＰＤＣＡのサイクルを回すのだ。その対象となるのは、24時間３６５日、自分の人生のすべてである。

企業の場合、ＰＤＣＡサイクルを回して改善を繰り返すのは、製品やサービスの品質を向上させ利益を上げるためだ。人生のＰＤＣＡについても利益を上げることを目標にすることはできるが、僕が改善を繰り返すのはお金を儲けるためではない。僕の時間を僕自身が好きに使うために、改善を繰り返すのである。

なお、改善の結果、自分が苦しくなっては本末転倒だ。僕は、できる限り労力を使わず、楽しみながら自分のやりたいことが実現できるように改善を行なっている。意志力を奮い起こして、自分に無理を強いるようなやり方は長続きしないだろう。

無駄がないかを常に問いかける

自分の人生を改善することとは、自分を含む人の行動や周囲の状況を注意深く観察し、疑問を持つことからはじまる。

身近な例として、コンビニのレジを考えてみよう。あなたが急いでいる時に、前の人が財布から小銭を出すのに手間どっているのを見たら、内心では「もっと要領よくやれ！」と文句の一つも言いたくなるはずだ。スムーズに買い物を済ませる手段として、今なら電子マネーという便利なモノがあるというのに。

僕はリアルショップでの買い物に無駄を感じることが多い。特に、ファッション関係の店ではその傾向が強い。昔はセレクトショップなどで服を買っていたが、そうした店の接客に我慢できなくなってしまった。

なんというか、店員のもっさり感が耐えがたいのだ。たとえば、デパートのセレクトショップ。さっさと服を選んでも、店員がレジのところまで行って会計をして戻ってくるのに2、3分は待たされる。しかも、過剰な包装のおまけつきだ。自分で着る服なのだから、ビニール袋にバサッと詰めてくれればそれでよいのだが。おまけにポイントカードまで作らせようとする。僕はその手のものは持ち歩かないので、「預かっておいて」と言ってその場を立ち去ってしまう。

丁寧な接客も、顧客の満足度を上げることにつながっているのなら意味はあるだろう。だが、ほとんどの店は、たんに惰性で今まで通りの接客スタイルをなぞっているようにしか見えない。

こんな「惰性」の中に、ムダなことはたくさんあるはずなのだ。

時間をうまく使いたければ、自分の生活の中のムダな「惰性」に気づくことも大事だ。

そして、何かを無駄だ、面倒だと感じたら、それを解決する手段を考えることを習慣にしてしまおう。解決する気さえあれば、たいていのことはなんとでもなるのだ。

僕は、「満員電車はイヤだ」と言いながら、毎朝満員電車に揺られて通勤している人がこんなにもいることが信じられない。はっきりいって、満員電車を喜んでいるのは痴漢くらいのものだ。それ以外の人はとんでもないマゾなのではないだろうか？

もちろん、都市の活力を維持するためには、国や都、鉄道会社などが満員電車問題の解消に取り組む必要があるだろう。だが、本当に満員電車がイヤなら、個人レベルでいくらでも改善する手段はある。

満員電車に乗らなくて済む一つの方法は、会社の近くに住むことだ。一般的に都心部の家賃は郊外に比べて高いが、朝から疲れた状態で仕事をするよりもはるかに生産性は高まるので、その分多く稼げばいい。高い家賃を負担できないのなら、シェアハウスに入居するという手もある。会社勤めをしているなら在宅勤務でできる仕事を増やしてもらえるように交渉したり、あるいはいっそ起業してしまうことだってできる。

満員電車に限らず、打てる手を探そうともせず、ただ現状に対する愚痴をこぼすだけの人間を僕は「オヤジ」と呼んでいる。中高年であってもオヤジでない人はいるし、二十代で早くもオヤジになっている人も多い。

とにかく、自分がそんな「オヤジ」になっていないかどうか、振り返ってみて欲しい。

30秒で終わるメールはすぐ返す。5分で終わる仕事は、片っ端から片づける

「やらなければいけないことが多すぎて、いったい何から手をつければいいのかわか

らない」

時間がない人の中には、こんな悩みを持つ人も多いと思う。しかしなぜ、仕事に優先順位をつける必要があるのだろうか？　優先順位をつけることにだって手間はかかる。そんな時間を浪費することなどない。片っ端から仕事をこなしていけばいいだけだ。

特に**「5分で終わる仕事」は片っ端からやっていこう。**メールの返信、仕事の返事などは、すぐに終わらせる。

大体メールの返事なんて、9割方は30秒でジャッジできるものばかりだ。見て、すぐ返事を出せば5分もかからない。

「○○のために30万円の経費が必要なので、支出の許可をください」というメッセージであれば、30秒以内に判断し、問題なければ「ＯＫ」と返信する。いつも一緒に仕事をしているメンバーなら、メールは大体30分以内に返ってくる。すぐに判断できることは、その場で処理するようにすれば、プロジェクト全体もスムーズに進行していく。丸一日返事を返さないなんてことは、僕はめったにない。意思決定を待っていたら、それだけチーム全体の仕事は滞るのだ。

そのためには、普段からツールを使って仕事を一元管理しておくこと。手軽なのは、メールやLINEなどのメッセンジャーである。メールアプリの受信トレイやLINEのグループには毎日膨大な量のメッセージが届く。優先順位など考えずに、これらを頭から処理する。

いちいち判断を先送りするのではなく、その場で処理できることはすぐに済ませる。そうして案件を片づけていけば、メールアプリの受信トレイはいつもすっきりしていて精神衛生的にも快適だ。

大事なのは「今済ませられることは、今済ませてしまう」ことなのだ。

リアルでのコミュニケーションは必要か?

プロジェクトを進める時、やたらとリアルなコミュニケーションを求める人や組織は今でも多い。しかし会議をしたからといって、ゴールを決めずに非生産的な議論を繰り返し、たいした結論も出さずに終わるということも少なくないだろう。参加者のスケジュール調整や場所とりにコストがかかるだけでなく、物事を決めるまでのスピードが遅いのだ。

確かに、プロジェクトの最初には実際にメンバーが顔合わせをして、親密な関係を築くことには意味があるだろう。だが、リアルでたびたび会わないとスムーズにプロジェクトを進められないというのは完全な思い込みである。

ライブドア時代、僕はメールを中心にコミュニケーションをとるよう社内にも徹底させていた。

その一つが、社員一人ひとりがその日の業務内容、達成状況を書いた日報メールだ。社内の全員が日報を共有することで、仕事を抱えすぎてパンクしそうになっている人間も把握できるし、わからないことも気軽に教え合うことができる。

さらに、事業プロジェクトや課題単位でメーリングリストを作り、報告や議論もメーリングリスト上で行なうようにした。リアルの会議でいきなりブレインストーミングなどしたところでなかなかよいアイデアは出てこないし、議論も活発にはならない。メーリングリストのほうがはるかに有意義なやりとりができるし、記録をあとから参照することもできる。ライブドアでは、メールを活用することで、リアルな会議の99%は削減することができた。

現在の僕は会社を経営しているわけではないので、ここまでのマネジメントは行なっていないが、ＬＩＮＥグループを使って多数のプロジェクトを同時並行でチェックしている。

ＬＩＮＥグループでやりとりする際も、特別なことは何もしていない。思いついたことがあったらグループに投稿し、グループメンバーの思いつきやアクションがよかったら、「それ、すごくいいね」と褒める。基本はこれだけだ。

リーダーの訓示やリアルミーティングがないとメンバーの意思統一をはかれないと思っている人は、大きな勘違いをしている。

大勢の人と同時にやりとりできるＬＩＮＥのような仕組みを導入し、コミュニケーションを徹底的に効率化することで、チーム内での議論も活発になり、いろいろなアイデアが生まれてくる。
　コミュニケーションにおいても、結局は量が質を作るのだ。

コミュニケーションを効率化する――Uber《ウーバー》が流行る理由

　僕は昔から満員電車に乗ることは時間の無駄だと考えていたので、都内の移動は基本的にタクシーだ。自分で自動車を運転することもなくなった。車を運転している間ほかのことができないし、食事の際に酒を飲むこともできない。タクシーは割高のようだが、運転手を常時雇っておくよりはずっとコストパフォーマンスが高い。

　最近では、Ｕｂｅｒというハイヤー／タクシー配車サービスが登場し、僕も愛用している。事前にスマホの専用アプリへクレジットカード情報などを登録しておけば、乗りたい時にアプリから依頼するだけで指定した場所に配車される。料金は自動的にクレジットカードから支払われるし、目的地をあらかじめ指定しておくこともできるから、乗車、降車もスムーズだ。

支払い、依頼……こういうコミュニケーションも、できれば効率化したいと考えている人が多くいる。だからこそ、Ｕｂｅｒは流行っているのだろう。

今後は流しでもＵｂｅｒのようなタクシーサービスが登場してくるかもしれない。目的地をスマホアプリに入力して、通りがかったタクシーに乗り込めば、運転手のタブレットに目的地が表示され、支払いも自動的に行なわれるというわけだ。

タクシーに限らず、注文や支払いの手間がかからないサービスは、今後さまざまな分野で登場してくると僕はにらんでいる。レストランやコンビニ、スーパーなどでも、アプリにカード情報を入力しておきさえすれば自動的に処理が行なわれ、利用者は何もする必要がなくなるだろう。

そうしたサービスが当たり前になってくれば、電子マネーでピッと支払いすることさえ、面倒だと感じるようになるかもしれない。

タクシーなんて使わないし、と思う人もいるかもしれないが、こうしたコミュニケーションも、最適化の対象になることは覚えておいて欲しい。

睡眠時間を削っても使える時間は増えない

なお、一つ注意しておきたいのは、睡眠時間を削っても使える時間は増えないということだ。

最適な睡眠時間は人によって違うだろうが、僕の場合は最低でも7〜8時間はとりたい。まとまった睡眠時間をとれないというのなら、昼寝の時間を確保するなり、移動中に寝られるように工夫をすべきだ。十分な睡眠時間をとることによって、起きている間の生産性を高めることができる。きちんと寝ることは、時間の節約でもあるのだ。

隙間時間を「最適化」する

「隙間時間」を徹底的に使う

よく「隙間時間を使え」ということも言われる。待ち時間や、少し空いた時間など、ちょっとした時間は誰にでも生まれるだろう。

隙間時間の最適化については、無駄な待ち時間を減らすことだけではない。「隙間時間」自体を有効活用して最適化をはかるという方法もある。この活用については、皆さんも使っている「スマホ」が時間の使い方を大きく変えつつある。

先に述べたように、僕は都内の移動にタクシーを使う。電車とは違いタクシーならば、移動時間を使っていろいろな仕事をこなすこともできる。

以前であれば、僕はタクシーに乗っている時、携帯電話から部下を呼び出して指示を出したり、メールを打ったりしていた。今はスマホになり、できることが格段に増えている。僕がよく使うのは、LINEとニュースアプリだ。LINEを使えば、複数の人間に対してリアルタイムでメッセージを送れるので、通話やメールよりもはるかに効率よくコミュニケーションをとれる。時間や場所の制約を受けることなく、たくさんのビジネスを同時並行で進めることができるようになった。

場所から場所への移動時間は必ずしも無駄とは限らない。移動中に別のことができる環境、ツールさえ整えておけば、生産性を高める貴重な時間に変わる。

スマホが隙間時間を〝価値ある時間〟に変える

そもそも「待ち時間」にスマホを眺めること自体、大事なことでもあるのだ。

知り合いとレストランで食事をしていてその人がちょっと席を外したら、今まではボーッとしているしかなかった。ところがスマホがあれば、その短い時間だけでもかなりのことをこなせる。情報を収集してもいいし、仕事の進捗状況を確かめて返信することもできる。
「スマホ依存」を問題視する人もいるが、重要なのはどうスマホを使うかだ。70億人が隙間時間を使って、これまでにできなかったことを行なえるようになる。それによって、ものすごい価値が生まれつつあることをもっと認識すべきだろう。

少し前まではネットでニュースを見るために、パソコンのウェブブラウザを開いてニュースサイトにアクセスしていたが、スマホはそんなニュース視聴のスタイルも変えてしまった。LINEニュースやスマートニュースなどのアプリを使えば、スマホの画面に一瞬でニュースの一覧が表示される。これらのニュースアプリでは、ニュースのセレクションや見せ方が工夫されており、数十秒から3分程度の隙間時間でさまざまな分野のニュースをざっと把握できるようになっている。その中にビジネスチャンスにつながる情報があるかもしれないと思えば、隙間時間にスマホを見るのも重要である。

ちなみに、僕が発行しているメールマガジンもスマホを使って隙間時間に読みやすいように工夫している。コンテンツのボリュームは相当あるが、一つひとつの記事は短時間で読めるように短くまとめ、改行幅もスマホ向けに調整している。これからは、情報収集/発信するにせよ、ビジネスを立ち上げるにせよ、スマホ抜きではありえない。

また、この隙間時間は、巨大なビジネスチャンスでもある。電通の「2014年日本の広告費」によれば、テレビの広告費は2・8%増の1兆9564億円。これに対してネットの広告費は前年比12・1%増の1兆519億円となり、テレビ広告の半分にまで達し、二桁成長を続けている。ネット広告の中でも特にモバイル広告は、ほかの媒体が入り込めなかったわずかな隙間時間を開拓している。

スマホによって働き方も変わりつつある。スマホで求人情報を探すのはもはや当然になったが、仕事自体をスマホで行なえるサービスも登場してきた。企業のPR活動をSNS上で行なうことで、報酬が得られるサービスもある。数分程度の隙間時間をお金に変換することができるわけだ。

僕はかなりの数のビジネスを同時に進めているが、それもスマホがあってこそ。逆にいうと、スマホを持っているなら「時間がない」と言い訳することはもうできない。

隙間時間は5～10分の仕事をする時間

よくある隙間時間に対しては、あらかじめその間にする仕事も決めている。たとえば原稿チェックなど5～10分で終わりそうな仕事は、5～10分の空き時間に行なうようにしている。たとえば車で30分移動するとしたら、アプリのチェックを10分くらいでして、あとの20分は原稿が2個あるから2個チェックしようなど。そのほか、ニュースアプリやTwitterで情報を仕入れたり、LINEグループをチェックして返信したり、10分程度でできる仕事もたくさんある。そうしたものをどんどん終わらせている。

10分程度の仕事をあえて隙間時間にやることにするのも一つの方法だろう。

マラソンは「ルームランナー」がいい理由

隙間時間以外にももっと効率化して使える時間がある。

「無理なく同時にできること」を行なって、時間の密度を濃くすることだ。

僕は、フィットネスにも時間を使っている。うまい食事にこだわっていると、どうしてもカロリーを過剰に摂取することになるから太ってしまう。体を鍛えたいとまでは思っていないが、体形はある程度スリムにキープしておきたいので、毎日ランニングやウエイトトレーニングをこなすことにしている。

ところが、屋外をランニングしている間にできるのは、せいぜい音楽を聴くくらいだ。これでは時間がもったいない。そこでランニングは屋内でルームランナーを使って行なうことにした。走っている間は、さすがにキツイから音楽を聴いたり、テレビで情報番組を見たりするくらいだが、それでも屋外を走っている時よりも多くの情報がとれる。音楽も同じ曲をローテーションするのではなく、最新のヒット曲を聴くように心がけている。そうやって曲や歌詞を覚えるようにしておけば、若い人達とカラオケに行った時も話題についていける。

また、ルームランナーでのランニングでは、何分間か走ったらインターバルをとるようにしている。インターバルといっても完全に止まるのではなく、早歩き程度に速度を落とす。走って代謝が上がった状態であれば、早歩きでもそれなりに脂肪の燃焼効果がある。そして、このインターバルの間に、やはりスマホを使って仕事をこなすことができる。

ウエイトトレーニングで筋肉を休ませる1～2分間もスマホだ。屋外で走ったり歩いたりしながらスマホを使うのは危険だが、室内であればその心配もない。

地方に出張した時は、ホテルの部屋にルームランナーがなかったり、ジムもなかったりすることが多いので仕方なく外を走るが、その時も、漫然とは走らない。町並みがどうなっているのかといったことを考えながら走るようにしている。

自分の得意（コアバリュー）にこそ、時間を使え

得意な人に外注する

自分の時間を自由に使うには、徹底的に無駄な時間を減らしたり、隙間時間を活用したりすることが必要だと説明してきた。

だが、自分一人でいくら頑張っても改善には限界がある。有益な時間を生み出すためには、積極的に外注を使うべきだ。人に仕事を任せることなしに本当の意味での改善を実現することはできない。

僕は今ホテル暮らしをしており、掃除・洗濯などの雑用はすべてホテルのスタッフに任せている。自炊はせず、食事はすべて外食で済ませる。移動する際も、自分で車

を運転したりはせずにタクシーを使う。僕がそうした雑用をすることで何かが生まれるわけではないから、得意な人間や会社に全部任せてしまえばいい。

今あなたが自分自身でやっていることで、人に任せられることはないだろうか？

僕はホテル暮らしをしていなかったとしても、掃除・洗濯・炊事等の雑用を自分でやるつもりはない。お手伝いさんを雇えば済む話だ。服選びにしてもファッションセンスのよい友達に任せたほうがずっとお洒落になれる。

お手伝いさんを雇うのは高いと思うかもしれないが、最近は安価な家事代行サービスがたくさん登場している。都内ならば、1時間2500円程度から家事代行サービスは利用できるので、2万円あれば8時間、週に2時間ずつ来てもらえる。何も家事を丸ごと外注する必要はない。食事も外食や、惣菜を買ってくるだけの中食、宅配サービスを使えば手間は大幅に減らすことができる。へとへとになって帰宅してから家事までこなし睡眠時間を犠牲にするより、家事代行を頼んでしっかり仕事の生産性を上げるほうが安上がりになることも多いだろう。

当然、仕事にしても雑務は徹底的に人に任せるようにする。というより、得意な人に任せないのであれば、そもそも会社にする意味がない。

僕は起業当初から、税務や会計については外部の専門家にすべて丸投げしてきた。定型的なメールのやりとり、各種申請書類の記入、支払い手続き等々はそのためのスタッフを雇ったり、外注したりして自分でやらないことを徹底している。スケジュール調整も手間がかかる割にまったく生産的ではないから、マネージャーに丸投げだ。

今はネット経由で仕事を依頼できるクラウドソーシングのサービスがいくらでも使えるようになり、常駐スタッフを雇わなくてもかなりの仕事を外注できるようになっている。まずは、自分の仕事が外注できないかを考え、相場を調べたり、知り合いに依頼してみることだ。


仕事以外でもそうだ。

僕は、服はほとんどネットショップで買っているが、「どんな服を買うか」も人に任せてしまう。ファッションセンスのよい知人に「寒くなってきたから、何かお勧めのジャケットを教えて」などと尋ねれば、相手も洋服を見るのが好きだから、「こんなのが合うんじゃない」とすぐ情報を送ってきてくれる。あとはそれをネットショップで選んでポチポチッと決済するだけでいい。それで無駄な時間を費やさず、自分に必要な服が手に入るのだ。

「コアバリュー」に絞れば、やるべきことだけやればいい環境ができる

僕が見るところ、たいていの人は得意でないことまで無理に自分でやろうとして、パンクしてしまっている。あるいは、自分の持っているスキルや資格にこだわりすぎて、それに関係した仕事は全部自分でやらなければいけないと思い込んでいる。

自分がすべき本当の仕事、自分の持つ「コアバリュー」が見えなくなっているのだ。

たとえば、本を出すことを考えてみる。あなたは面白い書籍企画を思いついたが、その分野に関する知識もなければ、本を書いた経験もない。そんな時、どうするのか。

何年もかけて知識を蓄え、文章を書く練習をして、出版社に持ち込む？　そんなことをしている間にせっかくの企画は古くなってしまうことだろう。では素人が書籍を出版することは無理かといえば、そんなことはない。全部自分でやろうとするから、

無理だということになってしまうのだ。

ではどうしたらいいか。それは単純なことだ。

自分にコンテンツがないというのであれば、コンテンツを持っている人に話を聞きに行けばいい。まだ世間的にはそれほどメジャーでなくても面白いコンテンツや発想を持っている人はたくさんいる。インタビューや執筆が苦手だというのなら、それが得意な人に外注すればいい。宣伝が苦手なら、それも外注だ。企画が面白いのであればやりたいという人は現われるし、その人達と利益を分配すればよいだろう。出版社に企画を持ち込んでも断られるのであれば、電子書籍を自分で作って直接電子書店で売ることだってできる。

実際、僕が書籍を作る時は、徹底的に人に任せるようにしている。以前に出した『逆転の仕事論』（双葉社）という本は、8人のイノベーターが語る仕事論をまとめたものだ。この書籍プロジェクトでは、出版社の編集者に候補になりそうな人をピックアップしてもらい、僕がその中で誰と誰を選べば本が面白くなるかを考えた。

8人を選んだ時点で、僕のやるべき仕事はほとんど終わったも同然だ。あとは、編集者からそれぞれの候補者にオファーを出し、信頼できる有能なライターにインタビューと執筆を任せる。そうしてできあがってきた原稿に、僕が1600字くらいのコメントを書く。コメントを書くのにかかる時間は、大体1本あたり20分というところか。

『逆転の仕事論』のコアバリューは、コンセプトと人選、そして僕のコメントにある。だからこそ、そこだけに僕は集中すればよかった。

新しいビジネスを立ち上げる際も、今は基本的に社長を務められる人間を見つけてきて、大枠の方向性を決めたら彼らに任せるようにしている。ビジネス立ち上げ当初は、進捗状況などもLINEなどを通じてチェックし、細かくマネジメントするようにしているが、彼らが慣れてくれれば僕の負担はほとんどなくなる。

これを繰り返していけば、複数のビジネスも同時並行で進められる。ビジネスを同時並行で進めるのは大変だと思うかもしれないが、実際は一つのビジネスだけを進めるよりもはるかに効率がよくなる。マーケティングや広告などのノウハウも事業同士で相互連携できるからだ。LINEやSkypeといったツールを使うことで、時間や場所の制約にとらわれることなく、ビジネスを自由に展開できるようになった。

自分でなくてもできる仕事をどんどんそぎ落として人に任せ、自分にしかできないコアバリューに集中する。掃除も、スケジュール調整も、本の執筆も僕がやらなくていい。そうすることで、今までよりももっと多くのことをこなせるようになる。さすがに睡眠は人任せにできないが、将来的に睡眠時間の売買ができるサービスが登場するかもしれない。そうなったら、僕は他人の睡眠時間を買い込んで、僕の代わりに寝てもらうことにしよう。

企画力があるとか、売る力があるとか、話すのは得意とか、自分のコアバリューとなりうるものは、誰でも何かしら持っていると思う。しかし、一人で何もかもやろうとすると、自分にしかできないことを、どんどんそぎ落としてしまうことになる。それこそ、人生の無駄遣いではないだろうか。

やりたいことをどんどんやっていけば「自分のコアバリュー」は見つかる

自分のコアバリューが何かなど、頭で考えていてもわかりはしない。スキルや資格があるからといって、それがコアバリューとは限らないのである。まずは、やりたいと思うことはすべてやろうとすること。そして、自分一人ではどうしようもなくなった時に、人に仕事を任せていき、そぎ落としたあとに残ったものがあなたのコアバリューだ。

何かビジネスを思いついた時も、「必要な資格やスキルを身につけてから起業しよう」というのは順番が逆。資格に頼るのではなく、どういうビジネスがやりたいかを考え、その上で資格やスキルが必要になれば、それはできる人に外注すればいい。

一つ補足しておくならば、外注する際は外注先に任せる仕事の内容を自分がきちんと理解しておくこと。たとえば、会計や経理の業務を税理士に丸投げしたとは言ったが、バランスシート等の会計の基本的な仕組みを理解した上で丸投げすべきだ。もっとも、会計の基本は難しくない。高校生でも取得できる簿記3級程度の知識があれば十分だ。

僕のメルマガには、サービスやアプリのプログラミングを自分で行なうべきか外注すべきかという質問が頻繁に寄せられる。プログラミングをやったことがないという人の場合は、まず自分でプログラミングすることを推奨している。プログラミングには向き不向きもあるし、自分でやるにしてもすべての作業をこなす必要はない。アプリのアイコンやグラフィックには、プログラミングスキルとは別にデザインセンスも求められる。だが、ある程度プログラミングのことがわかっていないと、どうやって外注先に指示を出してよいかがわからず、思った通りの成果物にならなかったり、ぼったくられてしまう。

最短距離で学ぶ

勉強に無駄な時間をかけるな

何か新しいことをはじめる時、「資格をとったり、スキルを身につけたりするために勉強しなくては」と考える人は実に多い。そして、教科書で一から勉強しようとして結局挫折してしまったり、たいして役に立たない資格をとるために何年も無駄な時間をかけてしまったりする。

いったい、なぜみんなこれほど真面目なのだろう？　僕には、学校の先生の言うことを鵜呑みにする権威主義にしか見えない。

大体、手に入れただけであとは安泰な資格やスキルなどほとんどない。大事なのは、資格やスキルをどうやって活かすかだ。最近では、国家資格である弁護士の資格をとっても、ワーキングプアに陥っている人も多いと聞く。当たり前だ。資格をとっただけで、営業もせず自動的に仕事が入ってくるわけがない。大勢の人がとりたがるような資格を持っているだけでは、他と差別化することにはならないのだ。

英語もそうだ。英会話スクールに通って英語が堪能になった人には会ったことがない。「英語ができれば将来なんとなくいいことがありそう」程度の目的意識で続くわけがない。どうしても口説きたいアメリカ人がいるとか、最初に明確な目標がないと続けるのは難しい。しかし、そもそも仕事で本当に英語を使わなければならなくなったら通訳を雇えばいい、という考え方だってある。

僕は昔から資格をとることに興味はなかったが、両親を説得して地元を脱出するために東大を受験した。高校1～2年は何も勉強しておらず、落ちこぼれ。受験勉強をはじめたのは高校3年生の6月だったから、同級生達のようにコツコツやる正攻法では時間が足りない。そこで、東大の過去問（いわゆる「赤本」だ）を買って出題傾向を分析した。
その結果、導き出した結論は、東大受験のポイントは英語、そして英単語さえ丸暗記すれば英語力を強化できるというもの。用例や派生語も載っている200ページの単語帳を1日見開き2ページずつ暗記していった。あとは過去問をひたすら解くことと、睡眠をしっかりとるだけだ。

僕は東大在学中に起業したが、確かに東大ブランドの威力を思い知った。小さな会社でも信用されるし、ヒッチハイクしてもドライバーが安心して乗せてくれる。今から大学を目指すなら東大を目指す価値はあるが、東大よりブランド価値が低くて授業料の高い大学に行く意味はないし、東大に入って一生安泰ということもない。何かの資格を得るなら、得られる価値と得るためのコストを比較して、おいしいかどうかを判断すべきだ。

東大受験の時は僕もかなり集中して英語を勉強したが、興味があって勉強をしてもどうしても理解できない分野は確かにある。

だが、自分があらゆる分野に通じている必要はないのだ。

たとえば、僕は物理や化学に関して細部まで理解することは諦めた。自分が苦手な分野については、どういう内容なのかを大まかに捉えて、大事なキーワードだけ丸暗記するので十分だ。何度も言うように、やりたいことをやるためには人に任せることが大事。もしなんらかの分野の知識が必要になったら、ざっくりと理解した上で、わかる人間に任せるようにすればいい。

体系的に学ぼうとするな

たいていのことは簡単に学ぶやり方がいくらでもあるものだ。体系的に学ぶ必要など、まったくない。

たとえば、ギター。ギターを弾けたらカッコイイと思っていたが、毎日基礎を地道に練習するなんてまっぴらだ。そんな時、馴染みの店に教えるのが上手なギタリストがいたので、開店間際に教えてもらうことにした。

このギタリストの教え方は非常にシンプルで、基礎練習などは生徒にやらせない。簡単なコードをいくつかと、そのコードで弾ける曲を教えるというものだ。有名な「Stand by me」の曲に使われているのは、AとF♯m、D、Eという四つのコード。初心者でも簡単に押さえられる。これだけ覚えるだけで、自分で「Stand by me」を弾けたことには感動した。

コード譜では一見押さえるのが難しいコードを使っていても、キーを一つ二つ上げ下げすれば簡単になる曲も多い。スマホアプリを使えば、キーの上げ下げでコードがどう変わるかもわかる。そうすると、自分の知っている簡単なコードだけで弾ける曲が意外にたくさんあることもわかってくる。

10曲くらい覚えると、いっぱしのギタリスト気分だから、少し難しめのコードにもチャレンジしたくなってくる。Fのコード（左手の人差し指ですべての弦を押さえる必要があるため難しい）も頑張ろうという気になるというものだ。最初のうちは、力任せに弦を押さえようとしてFのコードがなかなか思うように鳴らないが、あれこれやっているうちにちょうどいい力の入れ方がわかってくる。最初から難しいFのコードをきちんと押さえようとして挫折するより、やって楽しいことからはじめるほうがはるかに効果的だ。

仕事でも何かの知識でも、わざわざ体系的に学んで、つまらない学び方をして途中で挫折してしまっては元も子もない。

学ぶ内容によっては独習よりも人について習うほうがよいことも多い。僕にギターを教えてくれているギタリストは、初心者に教えるのが上手で、僕のやる気を引き出してくれる。僕はゴルフについては前からできるほうだったが、たまたま教え方の上手なトレーナーに出会えて、さらにスキルを伸ばすことができた。

教え方のうまいトレーナーに出会うために特別なコネはいらない。自分の知り合いのツテをたどったり、ネットを探したりすれば、評判のよいトレーナーがいくらでも見つかるはずだ。もっとも、トッププロがよいトレーナーとは限らないので、その点には注意すること。アマチュアが長嶋茂雄に「バァッといってガーンと打つ」とアドバイスをもらっても、打撃スキルは上がらない。

何を学ぶべきかは、その時にならないとわからない

学生だろうが社会人だろうが、確かに真剣に学ばなければならない時もある。

学生時代から僕はウェブサイト制作を手がけるようになったが、この頃はまだウェブ業界の黎明期で、依頼されるのはやったことのない仕事ばかりだった。ＨＴＭＬやさまざまなプログラミング言語、データベース……、知らない技術については本を買い漁って学び、学んだことを仕事で実践していった。

僕が仕事をする前にあれこれ考えて「この知識も勉強しておかないと、あんな経験を積んでおかないと」などと考えていたら、無駄な知識のために時間を浪費することになっただろう。

大体、やったこともないことに取り組む時に、どんな知識があれば十分か事前にどうやってわかるというのだ。最初からそんな風にバリアを張ってしまうから、自分で自分の作った壁にぶつかってしまう。

何かをする前に勉強をするのではなく、やりたいことをしながら学んでいくことが大事なのだ。アプリやウェブサービスを作ってみたいなら入門書を買って、掲載されているサンプルコードをとりあえず打ち込んでみる。サンプルコードをいじって、どうやれば作りたいアプリやサービスができるかを考える。そういうことを繰り返していくうちに、知識は自然と身についていくものだ。

これは、ほかのことにも当てはまる。知識ゼロでネットビジネスをはじめたいのなら、ブログを開設してAmazonのアフィリエイトでも張ってみればいいのだ。どういう風に商品を紹介すればいいのか、どうやって集客すればいいのか、やっているうちに、つかめてくるだろう。

あれこれ考えて動かないのではなく、まず動くこと。そうすれば、次にすべきことが見えてくる。

どうしてもやりたいこと、やらなければいけないことに取り組みながら、必要な情報を取り入れ、知識を身につけていくほうがはるかに効率は高い。やってみてわからないことは人に尋ねたり頼んだりすればよいだけの話だ。

情報は覚えるのではなく、浴びる

コツコツ資格の勉強などをするより、はるかに大事なのは情報のシャワーを常に浴びるということだ。

日々の生活でも、情報にアクセスするかどうかで生活の質は大きく変わってくる。たとえば、少しでも安く買い物をしようとしてスーパーや量販店を何件も回るのは、時間の費用対効果が恐ろしく悪い。価格比較サイトやネット通販の存在を知っていれば、欲しいモノを数分で、なおかつ安く手に入れることができる。いつも利用する商品なら、定期配達サービスを利用することで、注文の手間すら不要になる。サービスの存在を知っているかどうかで、何時間もの節約が可能になるのだ。これまで使っていたスマホのアプリを別の新しいアプリに入れ替えることで、作業効率が格段に向上することもある。

待ち時間を減らし、隙間時間を有効活用することの重要性を説いたが、どうやってそれを実現するかも情報にかかっている。家事代行サービスの存在を知ることで、面倒な家事を外注しようという発想が生まれる。新しいアプリや機器を使ったり、別の考え方を取り入れることで、これまでできなかった作業を隙間時間にこなすことが可能になるかもしれない。

情報を仕入れることは生産性を上げるだけでなく、人生のチャンスを広げる。身近なところでいえば、新しい曲も立派な情報だ。今流行っている曲をとりあえず覚えて歌えるようにすれば、どんなキーワードが若い世代の心に響くのかが自然とわかってくる。若い人達と共通の話題を探すのに苦労しているオヤジ達は多そうだが、同じ持ち歌ばかり歌っているのではなく、若い世代の新曲を積極的に歌えばコミュニケーションは簡単にとれるだろう。

さらに、ほとんどの人がまだ体験していない新しいイベントや作品、サービス、技術にいち早く触れることで、未来がどうなるのかが見通せるようになってくる。

あなたが誰かに仕事を発注する時でも、新しい情報を知っている営業マンとそうでない営業マンがいたら、前者に案件を任せたくなるだろう。たんに情報を知っているだけでなく、業界や社会の動向がどうなっているのかが自分なりに見えていれば、次にどんなトレンドが来るかなんとなくわかってくるはずだ。

「アイデア」ではなく、「実行力」にこそ価値がある

「起業するために、どんな勉強をすればアイデアが出てくるでしょう?」と聞かれることも多いが、そういう人はとんでもない勘違いをしている。

コツコツと勉強をしていれば、誰も思いつかなかった素晴らしいアイデアを思いつける――。それは幻想だ。

今の時代、アイデアに価値などなくなっている。あらゆる情報やアイデアは出尽くしていて、本当の意味で画期的なアイデアなどめったにない。必要な情報があればネットを探せばたいてい見つかる。ビジネスアイデアにしても、自分の頭だけで無理矢理ひねり出そうとしてもたいしたものが出てくるわけがない。

しかし、世の中にはアイデアが溢れており、それらを組み合わせてまとめるだけで、

新しいアイデアなど簡単に生み出すことができる。

アイデアの価値は暴落したが、その代わりに重要になったのが実行力だ。アイデアはいくらでも転がっているのだから、あとはやるかやらないかにかかっている。

話を聞けばなんだそんなことかと思うだろうが、情報を手に入れて、実行するだけで人生はまったく違ったものになる。

情報の量が質を作る

「堀江さんだから、普通の人が知らない情報がいくらでも入ってくるんでしょう?」と言う人もいる。

僕が何か特別の人脈やツールで、人とは違う情報を得ているのではないかと考えているのかもしれない。

しかし、僕が見ているのは、きっとあなたが見ているのと同じようなものだ。

たとえば、僕が今のメインの情報源として使っているのは、スマホのアプリだ。グノシーやスマートニュース、ＬＩＮＥニュース、antenna、NewsPicksといったニュースキュレーションアプリや、TwitterなどのＳＮＳくらいで、特別なものは何も使っていない。

もし、僕が他の人と違って見えるのであれば、それは**情報の量**だと思う。僕は、きっとあなたが普段見ている情報の量と、桁が一つ違うくらいの量の情報を見ていることは断言できる。大事なのは圧倒的な情報量とその処理数なのだ。

分野は、基本的には興味のある分野を見ているが、ファッションニュースやグルメニュースまで、一通りのものに目を通す。

また、新しいニュースアプリが出てきたりバージョンアップしたりした時には切り替えて使い勝手を確かめたり、普段は見ないジャンルのニュースも取り込むといった微調整は時々行なう。興味がないと決めつけているジャンルの中にも、有益な情報があるし、それが脳の刺激にもなるので、食わず嫌いはやめるべきだ。

意図的に**「ノイズ」**を取り入れることも心がけている。これは、Twitterで自分と意見の異なる人をフォローしたり、意見の合わない人の雑誌コラムを読むといったことを指す。当然、こうした人々の意見を読んでいると腹は立つが、自分の中にある偏見を修正できる効果がある。

スマホのアプリ以外にも、身の回りにはさまざまな情報が溢れている。たくさんの人と会って話す。カフェの隣の席で交わされている会話に耳を傾ける。とにかく常に良質な情報をできる限り多く浴びるように取り入れること。そして、情報の取り入れ方についても常に改善を繰り返す。たとえば、記事をうまく要約して同じ時間内でより多くの情報を得られるアプリがあるなら、そちらに切り替えてみたり、もっと情報を取り込めるよう隙間時間の使い方を工夫する。

情報がまとまっている場所を探すことも、改善の一例だ。たとえば、海外の技術動向であれば、時間をかけて英語のニュースを逐一読むよりも、ニュースをウォッチしている人をフォローすることで手軽かつスピーディに情報を取り入れられるだろう。

情報を浴びることで、情報の目利きになれる

では、良質な情報とそうでない情報の違いはというと、明確な基準などありはしない。あえて基準を挙げるとするなら、ググればすぐにわかるような情報はそれほど積極的には取り入れないというくらいだろうか。さまざまな分野に興味を持って、膨大な情報を取り入れるという作業をずっと繰り返しているうちに、自分にとって良質な情報が感覚でわかるようになるとしか言いようがないのだ。

それは国語の長文読解問題と似ているかもしれない。たくさんの文章を読んできた人は、「この文章のポイントはどこか答えよ」と聞かれたら、即座に答えられるが、なぜそこがポイントであるのか説明しろと言われてもできないだろう。「ここがポイントだから」としか言いようがない。とにかく情報の量を増やして、そういう感覚が得られるようになることだ。

1年9か月収監された時は、入ってくる情報量が格段に減ってしまった。もっとも

読みたい書籍や主な雑誌は差し入れてもらったほか、メルマガやブログをプリントアウトして読み、効率的な読み方も工夫はしていた。平日は1日4時間程度の読書時間をとることができたので、本を1000冊読み、そこで考えたことを『ネットがつながらなかったので仕方なく本を1000冊読んで考えた』（KADOKAWA）にまとめた。

人によっては、情報を遮断し、ゆっくり考えをめぐらすことでよいアイデアが出てくるというが、僕はこの意見に反対だ。

取り入れる情報が減ってよいことなど、何もない。多くの情報を取り入れれば、無意味な情報もたくさん入ってくるが、絶対的な情報量は増える。いかに良質な情報の比率を増やすかが問題なのであり、情報を遮断すればよいアイデアが浮かぶというものではない。

「ついだらだらニュースを見てしまって……」とか、「情報ばかり取り入れてもなんにもならない」という人達は、結局のところ、取り入れる情報が少ないだけなのだ。ネットの情報通と自負している人でも、おそらくは僕より一桁情報量が足りない。情報を取り入れる姿勢は関係ない。どれだけの情報を効率よく取り入れるか、量とスピードだけが問題なのである。

情報は覚えるな！

「そんなにたくさんの情報を取り入れたら、頭がパンクしませんか？」と聞かれることもある。

ここに多くの人の誤解がある。個々の情報は記憶するのではなく、浴びればいいのだ。

情報は取り入れたら、そのまま忘れてしまって構わないのだ。それでは、情報を取り入れる意味がないかもしれないと思われるだろうが、本人が忘れたつもりでも重要な情報は脳の片隅にちゃんと残っている。大切なことだけが、ちゃんと残るものなのだ。

大量の情報を、脳という引き出しにいったん全部詰め込む。そうすれば、何かのきっかけで引き出しの中の情報と情報がぱっとつながって、新しいアイデアが生まれる。

起業のアイデアなど、頭をひねって考えるようなものではない。情報のシャワーさえ常日頃、浴びるようにしていれば、アイデアはいくらでも湧いてくる。

思考法などというご大層なものもない。ただ、情報をつなぎ合わせていくだけだ。たとえば、クラウドファンディングによるエゾシカの生ハムを作るプロジェクト。僕は生ハムが好きで、生ハムを自分で作りたいと思っていた。紹介された友人の友人が、エゾシカの専門家だった。そこで、以前から知り合いだった食肉加工業者に引き合わせた……。好奇心と情報さえあれば、特別なことは何も必要ないことがわかるだろう。

仕事やその他の課題に関しても、特に本や思考法を使いはしない。普段から情報を取り入れていれば、勝手に頭の中で対策が組み立てられるようになる。

量が質を作るのであって、その逆はない。

最近人工知能が注目を集めるようになったのも、情報の「量」、特に失敗のデータベースによるところが大きいと僕は考えている。

音声認識や翻訳は、機械が苦手としていた分野だが、近年になって認識率や精度が急速に向上してきた。iPhoneのSiriのように、スマホにも人工知能技術を応用した音声認識機能が搭載され、実用的に使われている。

これが可能になったのは、ＩＴの発達によって膨大な量のデータを集められるようになったからだ。何万、何億というデータを分析し、それらからうまく認識できなかった失敗データを次々とはじく。そうすると、正解の確率が高いデータが残り、より正解に近づいていく。膨大なデータがあってはじめて翻訳や音声認識のブレークスルーが起こったのである。

人間の脳の中でも同じような現象が起こっているのではないだろうか。毎日脳にインプットをする情報量が、しきい値（境界となる値）を超えると、脳の中で情報のネットワークが生まれて、なんらかのアウトプットを発するようになっているのかもしれない。

外国語の音声が流れ込んでくる環境に身を置いていると、少しずつ言葉を覚えていく。たくさんの言葉に接することによって、脳の中で言葉と言葉が組み合わさってアウトプットが生まれる。人間の脳は、流れ込んでくる膨大な情報からなんらかの意味を取り出すことに長けているのかもしれない。

脳の情報処理能力に関してもちろん多少の個体差はあるだろうが、基本的に神経網の仕組みは人間ならほとんど同じだ。膨大な情報を与えれば、誰でも脳内で情報の結びつきが生まれると僕は考えている。

大量にアウトプットし、「自分で考える」ことを繰り返す

大量の情報が脳に定着し、なんらかのきっかけで情報同士の結びつきが生まれる。このプロセスを最大限効果的に行なうには、アウトプットすることと、自分で考えることの繰り返しが欠かせない。

アウトプットは、手帳に書き込むのでも人に話すのでもいいが、今ならTwitterやFacebookといったSNSやブログが一番手っ取り早いだろう。大上段に構えて、無理に長文を書こうとしなくてもいい。僕はニュースキュレーションアプリで興味を持ったニュースについては、自分のサイト「HORIEMON.COM」で短いコメントを書き込むようにしている。

気になった情報とその時に浮かんだコメントを書き込んだら、あとはさっさと忘れてしまう。忘れた情報はたいしたことがないから、やはりこちらも気にする必要はない。

自分の意見をうまくアウトプットできないと悩む人もいるが、それはたんにインプットしている情報量が足りていないだけだ。インプットの量とスピードを増やせば、自然とアウトプットの量やスピードも増え、自分なりの考察が自然と湧き出てくるようになる。頭を使うべきは、自分の考察をどうひねり出すかではなく、インプットの量とスピードをいかにして向上させるかなのだ。

そして、日々の習慣として「考えること」を繰り返すこと。スマホが使えなくても、数秒しか時間がなくても、考えることはできる。考えることはなんだっていい。

当たり前に繰り返している日常のルーチンを改善できないか。店で受けたサービスが素晴らしかったのなら、何がよかったのか。ひどかったのなら、どう改善すればいいのか。ニュースで紹介されていた新製品を、仕事上の課題を解決するために使えないか。

情報をインプットし、アウトプットし、「考えること」を繰り返す。ボーッとするのではなく、自分の時間を思考で埋めていくと、ある瞬間に解決策やアイデアがふっと浮かぶようになる。自分の脳を情報と思考で埋めれば、どうでもいいことで悩んでいる暇などなくなってしまうはずだ。

人間関係の新陳代謝を図る

膨大な情報のインプット、アウトプットを繰り返し、脳の中身を常に新陳代謝し続ける。それにより、自分の中にある固定観念から自由になり、新しい発想を生み出すことが可能になる。

同じように、僕は人間関係についても新陳代謝を強く心がけている。

毎月新しい知り合いを一人作ろうとか、年齢も性別もバックグラウンドも違う人と仲良くしようとか。

僕もそうだが、たいていの人は、ついつい同じ人とつるんでしまう。安定した人間関係を築いて、その関係をずっと続けていこうとする。同じ友人、同じ職場の同僚、同じ趣味のサークル……。同じ人間関係からは、新しいワクワクすることはなかなか起きてこない。その一方で、変なしがらみができてしまい、自分の行動や考えが縛られてしまうことになる。

それなら、今までとはまったく違うタイプの知り合いを毎月一人でも作るようにすればいい。今まで会ったことのない人と知り合いになれば、そこにまた新しい何かが生まれる。

新しい出会いを見つけるのは簡単だ。ネットを見れば毎日どこかでなんらかのイベントが開催されているから参加すればいい。今まで入ったことのないバーやレストランに入ってみるのもよさそうだ。そういう心がけでいれば、新しい知り合いなどいくらでもできる。

ただ、正直にいえば、新しく誰かと知り合いになるのは、僕にとっても面倒くさい。その人がどういうバックグラウンドを持っているのかを尋ね、自分がどういう人間であるかを伝えて、一からコミュニケーションをとらなければいけない。古くからの知人のように阿吽の呼吸でわかってくれるわけではないから、とにかく疲れる。新しい出会いの場に向かう時、ワクワクする気持ちと同時に、「ああ面倒くさい」と思う自分もいるのだ。

だから、新しい出会いの場には必ず行くと**「決めて」**いる。決めたんだから、行く。これは新しいことをする時に共通するが、決めれば「やる」ものだ。

面倒くさいという気持ちが起こったとしてもそんなものは無視すればいい。場所に出向いて、自己紹介をして……というプロセスを進めていくうちに、いつの間にか面倒くさいという気持ちも忘れてしまっている。

たいていの出会いは楽しいものだ。そして、楽しいほうが大事なのだ。

「今すぐやる」ことこそ、最大の最適化

極限まで忙しくしろ

最後に、時間を無駄にしないために、大事なこと。

それは、「極限まで忙しくしろ」ということだ。

忙しい忙しいとこぼしている人で、僕よりも忙しい人にはこれまで会ったことがない。

忙しいというあなたは、1日をどんな風に過ごしているのだろう？

朝、起きて朝食を食べて、身繕いをする。満員電車に揺られながら、会社に向かう。

なんとか定時に仕事を終えようとするが、結局残業。居酒屋で遅い夕食を済ませて電車に乗って帰宅。ゲームをちょっとやってから寝る……。

いくら本人が忙しいと感じていても、僕からすればこんな1日はスカスカで暇すぎる。その24時間のうち、あなたはいったいどれだけやりたいことをできたのだろう。

矛盾しているように聞こえるかもしれないが、時間を有効に活用するためにまず必要なのは、忙しくするということだ。忙しいフリをするのではなく、本当に忙しくなるよう自分を追い込むのである。

自分がやりたいことに優先順位などつけず、片っ端からやる。

行きたい場所やイベントに行く。会いたい人に会う。食べたいものを食べる。

今まででも忙しいのに、さらに予定を詰め込むなんて、とうてい無理だときっとあなたは言うことだろう。だが、なぜやったこともないのに、無理だとわかるのか？疲れたと思ったら、そこでストップして、寝てしまってもいいのだ。

お金がない？　何も僕はお金を使えと言っているのではない。やりたいことをやるのにお金は必要ないというのは先に述べた通りだ。

限界までやりたいことをやろうとする。そうしてはじめて、時間をどうやって使えばよいのかが見えてくるのである。たいしてすることもないのに、時間を効率化しようというのは、それこそ時間の無駄というものだ。

長期ビジョンなど意味がない

時間を効率的に使うなら「今やる」ことだ。

僕には、夢だとか、長期ビジョンだとかいったものがよくわからない。

「5年後に○○をして、10年後に△△になる」

なぜ、そんな長期ビジョンを持つ必要があるのだ？　それは、おいしいのか？

長期ビジョンというのも、結局は言い訳だ。やりたいことがあれば、今すぐにとりかかって、「なる早」で実現する。それだけだ。

僕がロケットエンジンを開発していると、「壮大な夢ですね」「どういう長期ビジョンをお持ちですか」と聞かれるから、いつも呆れてしまう。

だって、今すぐやりたいのだから。「いつかは叶うかもしれない夢」のために、僕はロケットエンジンを作っているわけではない。そんなことを聞く人には、「今すぐやれない理由って何かあるのですか?」と聞きたいくらいだ。

僕は、知的生命体のいるほかの恒星系に行きたいと思っている。今すぐにだ。だから、最短ルートや最も効率のよい手段を考え、実現に向けて行動している。

従来よりも圧倒的にコストが安いロケットができれば、気軽に宇宙へ行こうという人が増えてくるだろう。市場ができてくれば参入者も増えてより低コストなロケットも作れるようになるし、関連サービスも次々と登場してくるはずだ。

時間は誰にだって平等だ。だから僕はいつでも、最短距離で、「なる早」でやりたいのだ。それこそが、最適化だ。以前、僕はテレビ局を買収しようとしたが、それはテレビとネットを融合した面白いサービスを作るためには、テレビ局を買うのが最短ルートだと考えたからだ。なんでも最適化して、時間を短縮させるのだ。

みんな時間を無駄遣いしていないだろうか?

時間は有限だ。のんびり長期ビジョンを立てるなんて、まったく時間の無駄でしかない。

●4章のkeyword●

やりたいことは、〝今〟やれ!

5章

本音で生きるために必要なこと

チャレンジするためのハードルが低くなった

やりたいことを見つけて、ノリとフィーリングでチャレンジするだけ。僕が語ってきたのは、突き詰めればたったこれだけのことだ。あまりにもシンプルすぎて、事細かな成功法則を期待している人は拍子抜けすることだろう。

今はやればなんでもできる夢のような時代だということだ。確かに、世界には悲惨な状況に置かれた国は多いが、少なくとも日本はそうではない。社会が安定していて、あらゆる面で高度なインフラが整備されている。誰もがネットにアクセスできる。今の日本に生まれたというだけで、最初から大当たりを引いたようなものだ。

かつては、何かにチャレンジするためには、さまざまなハードルがあった。家柄や学歴、財産、才能、人脈、経験、資格、教養――。

今や、そんなものは何一つ持っていなくてもいい。

飲食店、たとえば寿司屋を開業したいとしよう。厳しい親方の元で10年以上も修業し、お金を貯めて、のれん分けをしてもらって店を出すというのが、これまでの常識だったが、はっきりいってこんなやり方は今ではナンセンスだ。

ちゃんとした寿司の握り方を教えてくれる教室は、探せばいくらでも見つかる。2～3か月もあれば、それなりの寿司を握れるようになっているだろう。

店を出すのも、日本国内にこだわらず海外にも目を向ければいい。ちょっと調べれば、日本食がブームになっている国や地域はすぐにわかるはずだ。どうやって店を借りるかや、仕入れについてもネットで調べたり、知り合いをたどって詳しい人に聞いたりできるだろう。ツテをたどれば、安く店を借りることだってできるかもしれない。

経営の知識がないなら、人に教えてもらえばいい。

人のやっていることを徹底的に真似し、改善する

至れり尽くせりの世の中で、チャレンジするための敷居は格段に低くなっている。特別なものは何もいらない。そう、才能すらも。

「でも、人を動かせるようになるためには、人を惹きつけるキャラクターや魅力が必要なのでは？」

確かにソーシャルメディア上には大勢のフォロワーを持った人気者がいる。それでは、彼らは生まれながらにして、特別なキャラクターや魅力を持っているのだろうか。

そんなものは関係ない。

大きなイベントやプロジェクトで人が動くのは、単純にその企画が面白いからだ。

では、面白いと思う企画を立ち上げて、大勢の人を巻き込んでいくにはどうすればよいのか。

答えは単純。面白い企画を立ち上げて、大勢の人を巻き込んでいる、うまい人の真

似をすればよいだけだ。

「自分のスタイルと違う」とか「真似するのはダサい」とか、くだらないプライドを捨てて、手本となる人のやっていることを徹底的に真似し、改善を繰り返す。

お手本となる人は、ネットでもリアルでもどこにでもいる。ちょっとでもいいなと思ったら、ためらうことなく真似をすればいい。


僕自身も、このやり方を愚直に続けている。

たとえば、僕のメルマガ「堀江貴文のブログでは言えない話」は、2010年2月に開始して10か月で会員が1万人を突破し、以降も順調に会員数を伸ばしている。だが別に有料メルマガのビジネスモデルは、僕が思いついたことではない。

人気を集めている有料メルマガを僕も購読し、どういう企画が好評なのか、どういう風に制作しているのかを真似て、自分のメルマガに取り入れた。他のメルマガを参考にして企画を充実させる一方、制作フローも改善を繰り返した。僕のメルマガは分量が膨大なので、「いったい何時間かけてメルマガを書いているんですか？」と驚かれることがあるが、僕自身が手間をかけなくてもよいように仕組みを構築していったのだ。

面白いことをやっている、自分がやりたいことに近いことをやっている、そういう人の活動をじっくりと観察し、まずは同じことをやってみる。そして、もっと面白くするにはどうすればよいか、もっと労力をかけずにやるにはどうすればよいのかを考え、改善を繰り返す。

ロールモデルになりうる人は活動を積極的に公開しているものだ。コンテンツを丸パクリするのは論外だが、できる人を真似るのは最も早い上達法である。

大事なのは、"Give, Give, Give"

情報はタダでいくらでも手に入る。アイデアは巷に溢れているし、ロールモデルになる人もそこら中にいる。

これほどまでになんでも得られる恵まれた社会で、一つだけ心がけておくべきことがある。

それは、"Give, Give, Give"。つまり、惜しみなく人に与えるということだ。

僕は昔から、与えられた以上の価値を必ず相手に与えるようにしている。仕事でいえば、無茶に思える依頼であっても、知恵を絞って取り組み、相手の期待以上のものを仕上げてきた。ウェブサイトの制作もそうだし、ビジネスのコンサルティングでもそうだ。

最近は、僕が主宰するサロンでゲストを招待して対談する機会も増えた。わざわざゲストにはサロンに足を運んでいただくわけだが、ゲストが損をしないよう、必ずなんらかの見返りを得られるよう、常に心を配っている。

僕が発行しているメルマガもそうだ。月額864円で毎週発行しているのだが、864円以上の価値を盛り込んでいる。たとえば、メルマガの中ではビジネスモデルを毎回いくつも紹介しているが、いずれも年間で数百万円から数千万円程度のビジネスに育つアイデアを出しているつもりだ。

ビジネスの基本は、もらったお金以上の価値を相手に提供すること。これは仕事以外でも変わらない。

考えてみれば、僕が頻繁に会いたいと思う人は全員気前がいい。会うたびに、僕に何かを与えてくれる。気前がいい人に会うと、「僕も与えなければ」という気持ちになる。そういう人達が与えてくれるものは、情報であったり、その人ならではの知見だったりする。とても価値のある情報を、もったいをつけずにサラッと教えてくれる姿を見ると、「すごい」と素直に尊敬してしまうものだ。

逆に、人からもらうことだけを期待して、何も与えようとしない人達とは疎遠になっていく。昔から仕事でも僕は人に頼られることが多かったが、「なんとかして欲しい」と泣きつくだけの人は本当に面倒くさい。僕自身は人から何かをもらおうと思ってはいないが、一方的に頼られている状況はやはり心地がよくない。

困った時に誰かを頼るのは恥ずかしいことではない。だが、ただ「助けて欲しい」とすがるのは間違っている。頼る代わりに、いくらでも相手に尽くすことはできるはずだ。それは、相手が興味を持ちそうな情報を話すことかもしれないし、雑用を手伝うことかもしれない。あるいは、たんに冗談を言って面白がらせることかもしれない。

何をすれば相手が喜ぶのかを考えて、尽くす。その相手は、目の前にいる人とは限らない。取引先のこともあれば、ネット上の知り合いということもあるだろう。相手に尽くせば尽くすほど、それは自分にも返ってくる。もっとも、見返りを期待して、それが得られないからといって怒るのは変な話だが。

昔からいわれている「情けは人のためならず」は、たんなるきれいごとではなく、真実なのだ。

価値の指標はアクティブユーザー数

これから注目すべき指標の一つは、「アクティブユーザー数」だと僕は考えている。ネットサービスの世界ではアクティブユーザーというキーワードが頻出するが、これはサービスに登録しただけでなく日常的に利用しているユーザーを指す。

創業以来、赤字を垂れ流しているネットサービスのスタートアップ企業が、何千億円もの価格で大企業に買収されることも最近では珍しくない。不思議に思うかもしれないが、そういう場合、高い評価の理由はアクティブユーザー数だ。

アクティブユーザー数が多いことは、そのサービスがもはやユーザーにとって必要不可欠になっているということ。サービスを提供する企業とユーザーとの間にできている結びつきの強さを表わすのが、アクティブユーザー数だといえる。

かつては、アクティブユーザー数が多くても、きちんと売上を立てて利益を出さなければ意味がないと考えられていた。だが、今は状況が異なる。アクティブユーザー数を多く抱えていれば、マネタイズはそれほど難しくない。広告を掲載して収入を得たり、お金を払ってくれるユーザーにプレミアムサービスを提供したりと方策はいくらでもある。

そしてこの「アクティブユーザー数」は個人についても重要な指標になってくるだろう。

たとえば、Twitterのフォロワー数は、どれだけの人があなたに関心を持っているかを示している。ネットがこれだけ普及する以前でも、有名人であればアクティブユーザー数はテレビの出演頻度や著書の売れ行きなどである程度知ることができたが、今は無名の人の影響力も可視化されるようになった。マスコミ的には無名であっても多数のフォロワーがいる人は、強力な発言力を持つ。しかもその影響力は、ネットの中だけに限定されない。

社会評論家の岡田斗司夫さんとも話したことだが、Twitterで100万人のフォロワーがいれば、社会的なムーブメントのきっかけを作ることができる。1億円規模のビジネスくらい、簡単に回せるだろう。

だが、その逆は難しい。1億円で100万個のダミーアカウントは買えるかもしれないが、それであなたに関心を持つアクティブユーザーを増やすことはできない。リアルなお金より、ネット上でのアクティブユーザー数のほうが強い力を持つようになっているのだ。

やる気さえあれば、政治家にだってなれる

やろうと思えばなんでもできるし、何にでもなれる。政治家になることも、今や不可能ではない。

それを象徴するのが、２０１４年の東京都知事選だ。実業家の家入一真さんが立候補し、「居場所のある街を作りたい」という公約を打ち出した。家入さんは有能だけれども頼りない面もある。だが、それゆえに周りに人が集まって支えてくれるし、何より彼は思いついたことをすぐに実行できる力を持っている。

実業家といっても彼はお金を持っていなかったので、僕を含めた支援者がお金を貸して、供託金をなんとか支払うことができた。クラウドファンディングを使って選挙資金も集め、応援団もでき、一種のムーブメントを起こすことができた。

結果は残念ながら16人中5位で落選だったが、9万票という得票数は馬鹿にできないインパクトがある。

もちろん、僕を含め知名度のある人間が彼を応援したということはある。だが、彼

自身はお金もなく、選挙のノウハウもない。世間的な知名度が高かったわけでもない。ただやる気があっただけだ。そのやる気が、周りを巻き込んでムーブメントを作っていった。

やる気さえあれば、何も持っていなくても政治家になれる。それが示せたことで、今後は政治にチャレンジする人も増えてくると期待している。

AIはむしろ歓迎すべき

最近、人工知能（ＡＩ）が話題になり、人間の仕事が機械に取って代わられてしまうのではないかという悲観論もある。

確かに、これまでも仕事の多くが機械によって置き換えられてきた。自動車が登場したことで、飛脚やかごかきはいなくなったし、御者の仕事もなくなった。

だがその代わりに、自動車を製造する産業が生まれ、運転手という職業や、宅配便、レンタカーといったビジネスも誕生した。仕事というのは、勝手に生まれてくるものなのだ。
ちょっと周りを見渡しても、20年前にはなかった仕事がいくつもあることに気づくだろう。ブロガーやYouTuberのように個人でメディアを運営することも可能になっている。

機械は人間の仕事を奪っているというより、面倒な仕事を代わりにやってくれているだけだ。昔なら膨大な人手が必要だった農作業も、今はほとんど機械がやってくれる。家事の負担も機械化によって格段に減った。今はわざわざ井戸から水を汲んできて、火をおこしてお米を炊く必要はない。炊飯器のスイッチを入れれば誰でもご飯が炊けるし、外食できる店はいくらでもある。全自動で掃除するロボットも普及している。

今後もこの傾向はいっそう進んでいくだろう。労働をロボットが肩代わりしてくれるのだから、人間は空いた時間で好きなことができる。売上や経済成長を目指して嫌々仕事を頑張るのではなく、遊びと仕事の境界はますます曖昧になっていくだろう。
これは遠い未来の話ではない。ここまで僕が述べてきたように、頭を切り換えるだけで、やりたいことをやって楽しく生きていくための環境はすでに整っている。

新しい働き方、学び方を実現する

世の中はどんどん面白くなっている。ならば、もっともっと世の中が加速度的に面白くなる仕組みを作れないだろうか。

ライブドア時代、僕は自分のやりたいと思うことをやるために、社員に給料を払っていた。だが、組織を作って運営し、マネジメントするのはもう面倒だし、一度やったことを繰り返してもつまらない。今の時代なら、会社を作るのとは違った方法で、やりたいことを実現できるのではないだろうか。

やる気がある人が集まって、自発的にプロジェクトが生まれ、進行していく。

それが、会員制の「堀江貴文イノベーション大学校」（ＨＩＵ）だ。

堀江貴文サロンには、起業家や投資家、ビジネスマンや技術者など、やる気のある人達が参加し、情報交換や交流を行なっている。サロン内には数十のグループがあり、会員が主体的に活動を行なっている。

先述したように、僕はメルマガで毎週いくつものビジネスアイデアを紹介しているが、そのうちのいくつかをＨＩＵのグループで本当のビジネスとして推進している。興味はあっても僕自身が事業化するまでもない、小規模なビジネスはいくらでもある。僕は概要をメンバーに説明し、メンバー自身がどうすればよいのかを考えながらチャレンジしていくのだ。

たとえば、グループで取り組んでいるプロジェクトの一つに、ドローンレースがある。

ドローンとはいわば「空飛ぶスマホ」だ。コンパクトなボディの中に、低消費電力の高性能ＣＰＵ、高精度のセンサーといったモジュールが詰め込まれ、安価に提供されている。そういうデバイスが電話になったのがスマホで、空を飛ぶのがドローン、人間のような形をしているのがロボットというだけの違いだ。僕は、技術の進歩によって生み出されるデバイスが社会をどう変えるのかについて以前から語ってきたが、その内容は大学の講義としても十分通用するものだと思っている。

僕はドローンに関心はあるが、自分の労力をそこにはつぎ込みたくないから、「ドローンのレースをやったら面白いんじゃないか」とゲームビジネスグループのメンバーに振ってみた。すると、やりたいと手を挙げるメンバーが出てきて企画が進み、わずか2か月で都内で「Japan Drone Championship（ジャパン・ドローン・チャンピオンシップ）」を開催することができた。手を挙げたやる気のあるメンバーは、ドローンのビジネスを自分達の手で事業化するという体験ができたのだ。

ほかにも、HIU内では多種多様なプロジェクトを進めており、変わったところでは「堀江貴文の1日を体験する」というコンセプトの合宿も開催している。4章で僕は時間の最適化を徹底していると述べたが、この合宿はそれを体感するためのものだ。1泊2日の日程だったが、その模様を撮影した動画を見た人が「3泊4日の合宿ですか？」と勘違いするほど、充実した内容になった。合宿プロジェクトについても、プログラミング講座や料理講座など、実施したら面白そうな内容を話しただけで、実行はすべてメンバーに任せた。

自分が主体的に、プロジェクトを実際に進める。こういう経験を重ねることで人は成長し、もっと大きなことができるようになっていく。実際、ＨＩＵで頭角を現わし、人を引っ張っていく人材も育ってきている。こういう人材が増えていくほど、ＨＩＵ全体の実行力も高まっていく。

最新の技術や情報に触れ、研究開発やビジネスプロジェクトを自分で立ち上げて実行する。これは、今まで大学や企業が担っていた機能だ。

正直いって、日本の大学のコストパフォーマンスは極めて劣悪である。私立大学なら卒業までに数百万円以上のお金を払いながら、得られるのは大卒の学歴だけ。大学で学んだ知識を活用できている人が、はたしてどれだけいるだろう。Ｆランク程度の大学なら、学歴も役に立たない。大学に数百万円払うくらいなら、自分で動いていろんな体験をこなしたほうがはるかに有意義だ。

これまでは企業のリソースを使わなければできなかったプロジェクトもサロンや個人で実現可能になっている。新卒で就職して、やりたいことをできる立場になるまで我慢して時間を無駄にするより、やりたいことは今すぐに始めてしまえばいい。
いずれにしても、やる気さえあれば、最先端の技術を学べ、すぐさま起業できる。
そういう選択肢はかつてないほど充実している。

●5章のkeyword●

必要なのは、ノリとやる気だ

おわりに

繰り返すが、この世の中で最も貴重な資源は、時間だ。時間さえ有効に使うことができれば、自分のやりたいことはどんなことでも叶えられる。

一方、時間を浪費することは簡単だ。言い訳をしたり、誰かの言い訳を聞いているうちに、貴重な時間はあっという間に失われてしまう。その時間で新しいチャレンジがいくつもできたであろうに。

矢沢永吉ではないが、結局世の中には「やる奴」と「やらない奴」しかいない。

それがわかっていても、周囲の目を気にして動けないという人があまりにも多い。

自分の人生、なんで人に決められないといけないんですか？

もしくは、人に決められたいんですか？

僕がやっていることは、あまりにシンプルで、特別なことは何もやっていない。努力の積み重ねでしかない。

でも、ここに書いてあることを実践すれば、必ず何かが変わるはずだ。

納得しなければやらない人もいるが、世の中はすごい勢いで前へ前へと進んでいる。「納得してから」という時間すらもったいない。

一言でいうなら、「言い訳野郎は立ち去れ」ということだ。

そして、根本的に僕が考えていることは、「世の中そんなに悪い人はいない」ということ。

むかつく人やいらっとする人もいるけれど、それだけのこと。自分の人生にはなんの関係もない。

だから、気にせず、自分の思うことをやればいいんです。

堀江　貴文

２０１５年11月

参考文献

小島慶子著（2015）『わたしの神様』幻冬舎

岸見一郎　古賀史健共著（2013）『嫌われる勇気』ダイヤモンド社

瀬戸内寂聴　堀江貴文共著（2014）『死ぬってどういうことですか？』角川フォレスタ

堀江貴文著（2013）『ゼロ』ダイヤモンド社

堀江貴文著（2015）『逆転の仕事論』双葉社

堀江貴文著（2013）『ネットがつながらなかったので仕方なく本を1000冊読んで考えた』ＫＡＤＯＫＡＷＡ

堀江貴文　岡田斗司夫FREEex共著（2014）『ホリエモンとオタキングが、カネに執着するおまえの生き方を変えてやる！』徳間書店

堀江貴文著（2015）『我が闘争』幻冬舎

堀江貴文　夏野剛　西村博之　藤沢数希　船曳建夫共著（2013）『金持ちになる方法はあるけれど、金持ちになって君はどうするの？』徳間書店

堀江貴文著（2010）『君がオヤジになる前に』徳間書店

堀江貴文著（2010）『徹底抗戦』集英社

堀江貴文著（2004）『稼ぐが勝ち』光文社

堀江貴文著（2004）『100億稼ぐ超メール術 』東洋経済新報社

堀江貴文著（2003）『100億稼ぐ仕事術 』ＳＢクリエイティブ

電通（2015）「2014年 日本の広告費」

著者略歴

堀江貴文（ほりえ・たかふみ）

1972年福岡県八女市生まれ。実業家。SNS media & consulting株式会社ファウンダー。元・株式会社ライブドア代表取締役ＣＥＯ。東京大学在学中の1996年、23歳のときに、インターネット関連会社の有限会社オン・ザ・エッヂ（後のライブドア）を起業。2000年東証マザーズ上場。時代の寵児となる。2006年証券取引法違反で東京地検特捜部に逮捕され、実刑判決を下され服役。現在は、自身が手がけるロケットエンジン開発を中心に、スマホアプリ「TERIYAKI」「７５５」のプロデュースなど幅広く活躍。有料メールマガジン「堀江貴文のブログでは言えない話」は１万数千人の読者。2014年には会員制のコミュニケーションラウンジ「堀江貴文イノベーション大学校」をスタートした。近著に『ゼロ』（ダイヤモンド社）、『多動力』（幻冬舎）、『健康の結論』（KADOKAWA）、『10年後の仕事図鑑』（小社刊）など。
Twitterアカウント：@takapon_jp
その他詳細はHORIEMON.COMへ。

【大活字版】

本音《ほんね》で生《い》きる

一秒《いちびょう》も後悔《こうかい》しない強《つよ》い生《い》き方《かた》

2019年4月15日　初版第１刷発行

著　者　堀江貴文《ほりえたかふみ》

発行者　小川 淳

発行所　SBクリエイティブ株式会社
〒106-0032　東京都港区六本木2-4-5
電話：03-5549-1201（営業部）

装　幀　長坂勇司（nagasaka design）

組　版　一企画

編集協力　山路達也

印刷·製本　大日本印刷株式会社

落丁本、乱丁本は小社営業部にてお取り替えいたします。定価はカバーに記載されております。本書の内容に関するご質問等は、小社学芸書籍編集部まで必ず書面にてご連絡いただきますようお願いいたします。

本書は以下の書籍の同一内容、大活字版です
SB新書「本音で生きる」

©Takafumi Horie 2015 Printed in Japan
ISBN 978-4-8156-0206-2